AUTORE

Eduardo Manuel Gil Martínez (25 giugno 1970) è uno storico e appassionato della storia spagnola da diversi anni, principalmente sulla seconda guerra mondiale e l'età della Reconquista. Autore di numerosi testi sulla seconda guerra mondiale per riviste spagnole e italiane come "Revista Española de Historia Militar", AMARTE, "Ritterkreuz" o " Le forze dell'asse nella seconda guerra mondiale 1939-1945 ". Oltre al titolo che pubblichiamo è anche l'autore di: "Sevilla Reina y Mora. Historia del reino independiente sevillano. Siglo XI ", "Breslau 1945. El último bastión del Reich", "Gli spagnoli nelle SS e nella Wehrmacht. 1944-45. L'unità Ezquerra nella battaglia di Berlino "," L'aeronautica bulgara nella seconda guerra mondiale. L'alleato dimenticato della Germania "," Forze corazzate rumene nella seconda guerra mondiale "," Forze corazzate ungheresi nella seconda guerra mondiale", "Aeronautica spagnola nella seconda guerra mondiale", "Hispano Aviación Ha-1112" (sull'ultimo Messerschmitt 109 mai costruito in Spagna) e altri testi per importanti editori come Almena , Kagero, Schiffer e Pen & Sword.

Per le foto si ringraziano:
FORTEPAN: Berkó Pál, Tarbay Julia, Doboczi Zsolt, Kókány Jenő, Ludovika, Varga Csaba dr., Csorba Dániel, Lissák Tivadar, Nagy Gyula, Konok Tamas Id, Miklós Lajos, Gadoros Lajos, Lakatos Maria, Marics Zoltán, Nagypal Geza, Vargha Zsuzsa, Lázár György, Mihalyi Balazs, Klenner Aladar, Scrutatore Ferenc, Kramer Istvan Dr, Ungvary Krisztian, Károly Németh, Péter Mujzer.

PUBLISHING'S NOTES

None of unpublished images or text of our book may be reproduced in any format without the expressed written permission of Luca Cristini Editore (already Soldiershop.com) when not indicate as marked with license creative commons 3.0 or 4.0. Luca Cristini Editore has made every reasonable effort to locate, contact and acknowledge rights holders and to correctly apply terms and conditions to Content.
Every effort has been made to trace the copyright of all the photographs. If there are unintentional omissions, please contact the publisher in writing at: info@soldiershop.com, who will correct all subsequent editions.
Our trademark: Luca Cristini Editore©, and the names of our series & brand: Soldiershop, Witness to war, Museum book, Bookmoon, Soldiers&Weapons, Battlefield, War in colour, Historical Biographies, Darwin's view, Fabula, Altrastoria, Italia Storica Ebook, Witness To History, Soldiers, Weapons & Uniforms, Storia etc. are herein © by Luca Cristini Editore.

LICENSES COMMONS

This book may utilize part of material marked with license creative commons 3.0 or 4.0 (CC BY 4.0), (CC BY-ND 4.0), (CC BY-SA 4.0) or (CC0 1.0). We give appropriate attribution credit and indicate if change were made in the acknowledgments field. Our WTW books series utilize only fonts licensed under the SIL Open Font License or other free use license.

For a complete list of Soldiershop titles please contact Luca Cristini Editore on our website: www.soldiershop.com or www.cristinieditore.com. E-mail: info@soldiershop.com

Titolo: **I REPARTI CORAZZATI UNGHERESI DURANTE LA SECONDA GUERRA MONDIALE - VOL. 2: 1938 - 1943** Code.: **WTW-047 IT** di Eduardo Manuel Gil Martínez
ISBN code: 9791255890324 prima edizione ottobre 2023
Lingua: Italiano. Dimensione: 177,8x254mm. Cover & Art Design: Luca S. Cristini

WITNESS TO WAR (SOLDIERSHOP) is a mark of Luca Cristini Editore, via Orio, 33/D - 24050 Zanica (BG) ITALY.

WITNESS TO WAR

I REPARTI CORAZZATI UNGHERESI DURANTE LA SECONDA GUERRA MONDIALE

VOL. 2: 1944 - 1945

PHOTOS & IMAGES FROM WORLD WARTIME ARCHIVES

EDUARDO MANUEL GIL MARTÍNEZ

BOOKS TO COLLECT

INDICE

1944: TRA L'INCUDINE E IL MARTELLO 5

   CONSIDERAZIONI SUI COMBATTIMENTI DELL'ANNO 1944 5

   LA LOTTA PER LA GALIZIA 6

   MAGIARI IN POLONIA 26

   COMBATTIMENTI NEI CARPAZI E IN TRANSILVANIA 29

   LA BATTAGLIA DI TORDA 37

   LE BATTAGLIE PER L'UNGHERIA MERIDIONALE: ARAD, TISZA, SZENTES 44

   DEBRECEN, LA PORTA DI BUDAPEST 50

   L'ASSEDIO DI BUDAPEST 57

1945: LE BATTAGLIE FINALI 69

   IL CANTO DEL CIGNO DELLE FORZE CORAZZATE UNGHERESI 69

   TENTATIVO DI SALVATAGGIO DI BUDAPEST 73

   L'OFFENSIVA DEL LAGO BALATON 75

   I COMBATTIMENTI FINALI 77

ALLEGATI

   ALLEGATO 1: VEICOLI BLINDATI DELL'ESERCITO UNGHERESE 79

   ALLEGATO 2: I TRENI BLINDATI UNGHERESI 96

   ALLEGATO 3: NUMERO DI VEICOLI BLINDATI IMPIEGATI DAGLI UNGHERESI 97

BIBLIOGRAFIA 98

1944: TRA L'INCUDINE E IL MARTELLO

CONSIDERAZIONI SUI COMBATTIMENTI DELL'ANNO 1944

La seconda metà dell'anno 1944 si trasformò in un vero inferno per l'Ungheria. All'offensiva iniziale da nord-est, si aggiunse quella che avvenne da sud-sud-est e infine da sud-ovest. Innumerevoli combattimenti si svolsero in tutta l'Ungheria molte volte simultaneamente. Di fronte a questo fatto, abbiamo deciso di suddividere la maggior parte delle azioni delle forze corazzate ungheresi in diverse campagne o battaglie, che in alcuni casi coincidono temporalmente.

Per facilitare la comprensione dell'avanzata sovietica attraverso le terre ungheresi, possiamo classificare gli eventi in modo approssimativo cronologicamente nel seguente modo:

- Combattimenti nei Carpazi (da est e nordest del paese).
- Combattimenti nella Transilvania occupata (a sud del paese): Torda.
- Combattimenti nel sud dell'Ungheria: ad Arad, lungo il fiume Tisza, Szeged e Szentes.
- Combattimenti nell'entroterra della zona orientale dell'Ungheria: Debrecén.
- Assedio di Budapest.
- Tentativo di liberazione di Budapest.
- Combattimenti nella zona occidentale dell'Ungheria: Sóred, lago Balaton.
- Ultimi combattimenti nel nordovest del paese e in Slovacchia.

Come menzione speciale, includeremo le attività della 1ª Divisione di cavalleria nelle terre polacche, che ha svolto un ruolo esemplare in successivi combattimenti in ritirata.

Quando iniziò la battaglia per l'Ungheria, l'Alto Comando Sovietico dispose le seguenti rotte per le proprie truppe:

- 4º Fronte Ucraino (formato il 5 agosto 1944): con il compito di avanzare verso i passi montani dei Carpazi nord-orientali per poi dirigere verso Ungvár (Uzhorod) e Munkács (Mukachevo), catturando così ciò che oggi corrisponde alla Transcarpazia ucraina.
- 2º Fronte Ucraino: situato più a sud rispetto al precedente, ricevette l'ordine di avanzare verso Debrecen, Kolozsvár (Cluj), Szeged e poi attraversare il fiume Tisza (Tisa).
- 3º Fronte Ucraino: sebbene inizialmente fosse schierato nei Balcani, dopo aver completato le sue azioni in Jugoslavia, fu diretto verso nord, partecipando anche alle azioni a Budapest e nell'ovest dell'Ungheria.

Un altro evento da tenere in considerazione nella seconda metà del 1944 fu l'insurrezione slovacca di fine agosto che, sebbene inizialmente sedata nel periodo tra il 28 agosto e il 28 ottobre, causò gravi interruzioni nel transito dei rifornimenti tedeschi verso sud e lo schieramento di truppe tedesche in Slovacchia invece che sul fronte ungherese. Un'altra importante conseguenza della rivolta fu la perdita definitiva del passo di Dukla a favore dei sovietici il 6 ottobre, dopo oltre un mese di combattimenti per la sua cattura, lasciando la porta settentrionale dell'Ungheria in mano al nemico.

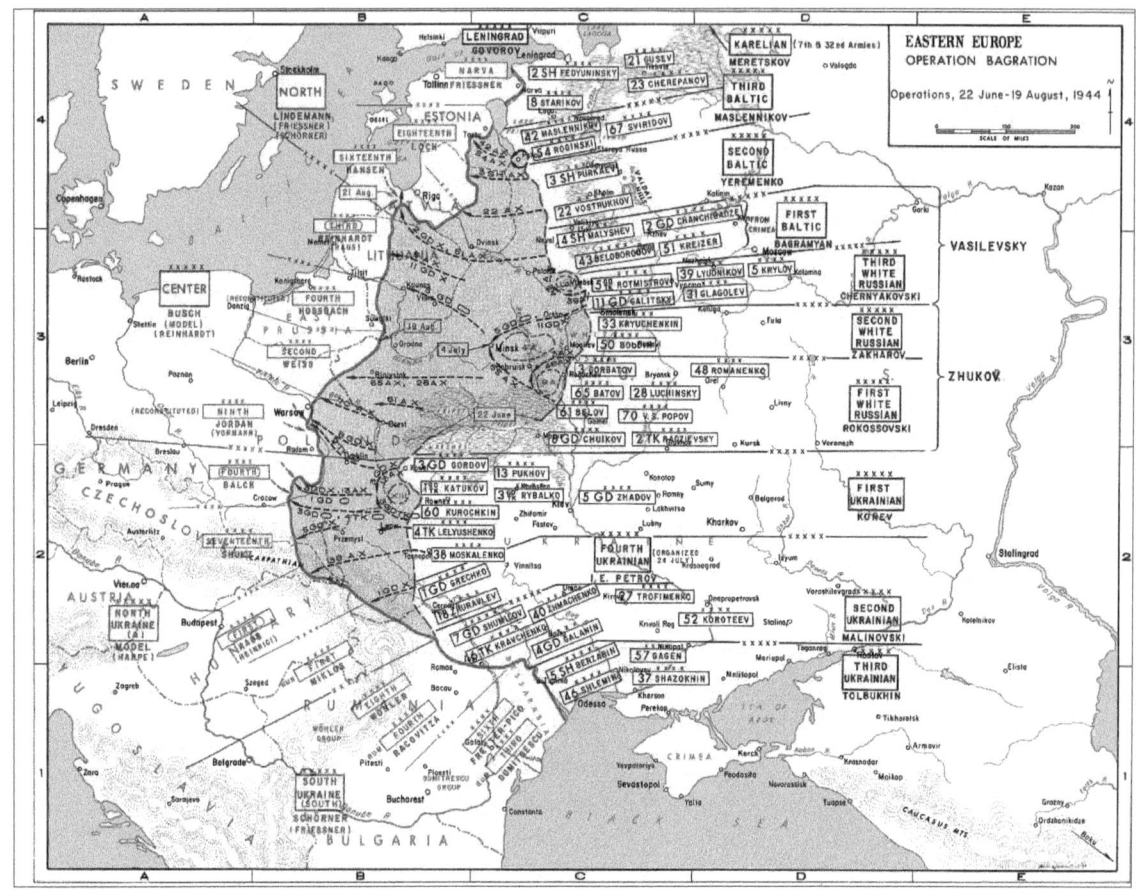

▲ Operazione "Bagration" tra il 22 giugno e il 19 agosto 1944.

LA LOTTA PER LA GALIZIA

Dopo il disastro di Stalingrado del febbraio 1943, gli ungheresi, molto demoralizzati, riconsiderarono la fattibilità della loro alleanza con i tedeschi. L'assenza di uno stretto controllo sulle truppe ungheresi e sui loro movimenti non piaceva all'Alto Comando tedesco. Così, nel febbraio 1944, decisero di cambiare atteggiamento nei confronti dei magiari, che continuavano a chiedere ai tedeschi aiuti materiali e di vario tipo. Essi avrebbero aiutato gli ungheresi, ma le truppe tedesche si sarebbero mescolate ai magiari, rinforzandoli e controllandoli e impedendo qualsiasi tentativo di defezione ungherese dall'Asse. Tutto questo portò infine i tedeschi a occupare l'Ungheria "alleata" il 19 marzo 1944 nella cosiddetta operazione "Margarethe". Le truppe tedesche provenienti dalla vicina Austria e anche dalla Croazia entrarono pacificamente in Ungheria per schierarsi in territorio ungherese, ma senza andare oltre il fiume Tibisco, dove all'epoca era schierata la 1ª Armata ungherese, per evitare scontri. Sul fronte politico, intanto, Hitler decise di mantenere in carica il reggente Horthy, ma lo costrinse ad apportare profondi cambiamenti sia nel suo governo che nell'alto comando militare, sostituendo molti dei suoi membri con altri filo-tedeschi. Il generale Lakatos, che aveva comandato la forza di occupazione ungherese in URSS (e di cui i tedeschi non si fidavano), fu promosso comandante della 1ª Armata. Tuttavia, il generale János Vörös, che era il capo di Stato Maggiore filo-tedesco, lo sostituì con un altro più vicino ai

▲ Un aereo leggero Fieseler Fi-156 ungherese in appoggio alle truppe di terra.

tedeschi: Beregfy. Tuttavia, era uno dei generali ungheresi meno popolari a causa della sua limitata capacità di comando. Solo dopo l'"occupazione" tedesca l'Ungheria fu finalmente in grado di mobilitare pienamente le proprie truppe, con la 1ª, 2ª e 3ª Armata in servizio; la 1ª e 2ª Divisione corazzata erano subordinate ad esse.
Va ricordato a questo punto che dopo le esperienze in terra sovietica, nel 1943 Honved subì diverse modifiche per renderlo più efficace date le circostanze del fronte sempre più vicino all'Ungheria. Il primo tentativo fu chiamato piano Szabolcs I, che fu aggiornato all'inizio del 1944 con il piano Szabolcs II. Alcuni dei cambiamenti includevano l'assegnazione di artiglieria più pesante alle unità di fanteria e l'ottenimento dai tedeschi di un maggior numero di cannoni anticarro PaK40 da 75 mm. Si decise anche che, per una maggiore efficacia, la fanteria ungherese avrebbe dovuto avere un proprio supporto di carri d'assalto (ogni divisione di fanteria avrebbe dovuto avere un battaglione di carri d'assalto).
Con la stessa idea in mente, la riorganizzazione delle truppe divenne più evidente già nel gennaio 1944. A causa dell'avvicinamento dei sovietici, l'intero Esercito magiaro fu mobilitato il 6 gennaio e la 1ª Armata bloccò immediatamente i passi montani dei Carpazi (con la 16ª e la 24ª Divisione di fanteria e la 1ª e la 2ª Brigata di montagna). Nel febbraio 1944, dei 45.000 uomini dell'Esercito magiaro, 36.000 erano schierati nell'entroterra ungherese.
Così, il 1° aprile furono creati il 7°, il 10°, il 13°, il 16°, il 20°, il 24° e il 25° Battaglione carri d'assalto (il 1° fu creato nel settembre-ottobre 1943) dai Gruppi di addestramento dal 2° all'8° creati nel 1943, e i veicoli che dovevano equipaggiarli furono, purtroppo, quasi interamente assegnati al 1° Battaglione carri d'assalto, a causa della bassa velocità di produzione degli Zrínyi. Purtroppo, quasi tutti i veicoli che dovevano equipaggiarli erano stati assegnati al 1° Battaglione carri d'assalto, a causa della scarsa velocità di produzione degli Zrínyi.
A causa della rapida avanzata sovietica già accampata nelle zone più occidentali dell'Ucraina,

nella primavera del 1944 la 1ª Armata ungherese fu mobilitata e posizionata nelle difese preparate nei Carpazi (iniziate nell'autunno del 1940 per sfruttare la difesa naturale offerta dai Carpazi). Ma i tedeschi non erano d'accordo con questo schieramento così arretrato rispetto alla linea del fronte e ordinarono agli ungheresi di spostarsi dai Carpazi alla regione della Galizia. La missione delle forze ungheresi sarebbe stata quella di stabilizzare la situazione tra i gruppi dell'esercito tedesco Ucraina-Nord e Ucraina-Sud lungo la linea Kolomea-Ottyina-Stanislavov. Ricordiamo che la parte più orientale dell'Ucraina e quella più sud-orientale della Polonia corrispondono alla regione storica della Galizia (nota anche come Galicia), la cui città più importante è Lvov (in inglese Lviv), e che diventerà uno degli obiettivi delle numerose "cavalcate" dell'esercito sovietico per cacciare gli invasori dal loro Paese.

La 1ª Armata ungherese era composta da tre divisioni di fanteria leggera (ciascuna con due reggimenti), tre divisioni di fanteria (ciascuna con tre reggimenti), due brigate di caccia da montagna e, soprattutto, la 2ª Divisione corazzata e il 1º Battaglione carri. L'integrazione delle truppe ungheresi nella macchina tedesca è chiaramente visibile dall'inclusione della 1ª Armata ungherese nel Gruppo d'armate Sud del Feldmaresciallo von Manstein.

La 2ª Divisione corazzata fu mobilitata il 13 marzo e fu l'unità più potente dell'intero eser-

▲ Un treno blindato ungherese in territorio sovietico. La sua presenza portò una potenza di fuoco mobile alle truppe magiare.

cito ungherese e, naturalmente, della 1ª Armata a cui apparteneva. Anche l'artiglieria divisionale fu rinforzata dal 1° Battaglione motorizzato di obici medi (equipaggiato con obici 31M da 150 mm). Una cosa che caratterizzava la 2ª Divisione corazzata era che tutto il suo equipaggiamento era di origine ungherese, quindi i suoi carri armati più potenti erano il 40M e il 41M Turán, accompagnati dal 40M Nimród, dal 39M Csaba e dal 38M Toldi. A causa della fretta con cui dovevano essere inviati al fronte e anche a causa delle idiosincrasie dell'industria ungherese, le unità non furono completate al 100% prima di essere inviate al fronte. L'equipaggiamento della 2ª Divisione corazzata comprendeva cannoni anticarro da 40 mm (del tutto inadatti a combattere carri armati sovietici come il KV-1 e il T-34).

La 2ª Divisione corazzata disponeva di 120 carri armati medi Turán, 55 carri armati pesanti Turán, 84 carri armati leggeri Toldi (47 dei quali armati con cannoni da 40 mm), 42 carri antiaerei Nimród e 14 carri Csaba. La Divisione disponeva anche di una piccola flotta di 80 motociclette e 160 camion e autovetture. Anche le munizioni scarseggiavano, con circa 30.000 proiettili da 40 mm per il Turan e 12.000 proiettili da 75 mm per il Turan. Il Reggimento carri e le sue unità di manutenzione subordinate non avevano pezzi di ricambio o altro per mantenere i carri armati in condizioni di lavoro adeguate. Praticamente ogni piccolo problema tecnico o operativo rendeva il carro armato inutile per il combattimento senza la possibilità di una rapida riparazione.

Ad esempio, il 3° Reggimento carri aveva 18 Turán medi, 14 Turán pesanti, 1 Toldi e 2

▲ Un Fw-190 F8 ungherese in appoggio alle truppe ungheresi.

▲ Due Turan I in un'esercitazione al poligono. Scarsamente armati e poco corazzati, non erano all'altezza delle loro controparti sovietiche.

Nimród. Quando la Divisione fu trasportata al fronte, questo Reggimento carri aveva solo 2 battaglioni, il 3/I e il 3/II. Il 3° battaglione (3/III) rimase in Ungheria in attesa di ricevere i suoi carri armati, prima di unirsi al resto dell'unità al fronte nel luglio 1944.
I sovietici, nella loro continua pressione contro la linea difensiva che von Manstein teneva in Galizia, riuscirono infine a romperla provocando un varco di oltre 150 chilometri, in pratica quelli che erano lontani dalla 1ª Armata corazzata dell'8ª Armata tedesca, tenuti solo dai fanti del 7° Corpo d'armata ungherese della 2ª Armata ungherese. L'Alto Comando tedesco di Von Manstein decise che sarebbero stati i suoi compatrioti della 1ª Armata ad andare a colmare il divario insieme ad alcune unità tedesche di supporto, in modo da poter lanciare un contrattacco il 7 aprile. Tra il 5 e l'11 aprile 1944, la 2ª Divisione corazzata ungherese, comandata dal colonnello Osztovics, raggiunse la zona di raccolta a Stryj. Da lì dovettero percorrere da soli 250-300 chilometri per raggiungere la linea del fronte, muovendosi su un terreno fangoso con strade malmesse, coperte di neve e praticamente senza riposo. Una volta al fronte, lo schieramento delle truppe, che dovevano coprire un settore di circa 60-70 chilometri, significava che le varie unità della Divisione erano relativamente separate le une dalle altre. A questo scopo, la Divisione fu divisa in due gruppi di combattimento, il più forte dei quali al comando del colonnello Bercsényi (allora comandante del 3° reggimento carri) e un secondo gruppo, meno potente, al comando del colonnello Sándor (allora comandante del 3° reggimento fucilieri motorizzati).
Non dovettero aspettare a lungo per entrare in contatto con il nemico, il 13 aprile a Lahowcze. In questo scontro sono andati persi due Csaba, un camion Botond e un'auto, oltre a un morto e tre feriti.
Un'altra unità assegnata alla 1ª Armata ungherese fu il 1° Battaglione carri d'assalto al co-

▲ Un Turan che attraversa un ponte. Il modello finale di questo veicolo corazzato fu il Turan III, dotato di gonne laterali e dello scafo e di gonne della torretta. Un altro miglioramento del 43M Turán III fu la modifica della torretta per ospitare un lungo pezzo da 75 mm (la copia ungherese del potente Pak 40 tedesco da 7,5 cm, che in Ungheria era chiamato 43 M L/55 da 75 mm) e una corazza più spessa.

mando del Capitano Barankay (un veterano delle campagne del 1942), il cui materiale principale era il nuovissimo obice d'assalto Zrínyi di fabbricazione ungherese. La 2ª e la 3ª batteria del Battaglione partirono per il fronte il 12 aprile, arrivando il 16 dello stesso mese. Il coinvolgimento del Comandante del Battaglione fu tale che, subito dopo l'arrivo al fronte, Barankay contattò un'unità d'assalto di carri armati tedesca che operava nelle sue vicinanze, ovvero la 301ª Brigata d'assalto di carri armati (Sturmgeschütz). Dopo aver ottenuto l'autorizzazione, poté seguirli a piedi con alcuni dei suoi subordinati per osservare e imparare le tattiche dei carri armati tedeschi durante gli scontri con i sovietici.

Barankay era un militare al limite del fanatismo. Lo dimostra il fatto che vendette il suo appartamento prima di unirsi alla sua unità per marciare verso il fronte, perché "non ne aveva più bisogno". Pagò anche una tomba per la sua morte in combattimento, tra i primi due soldati del suo Battaglione che perirono in servizio.

Dopo molti ritardi, la tanto attesa prima missione della 2ª Divisione corazzata ebbe luogo tra il 17 e il 19 aprile, insieme ad altre truppe magiare e tedesche. Le unità che parteciparono all'attacco dell'Asse furono il 6° Corpo d'Armata ungherese, il 7° Corpo d'Armata ungherese (supportato da un Battaglione anticarro tedesco e da un Battaglione carri d'assalto) e l'11° Corpo d'Armata tedesco, dove tra le altre unità operava la 2ª Divisione corazzata ungherese. Oltre alle truppe di terra, l'attacco ricevette anche il necessario supporto aereo.

La 2ª Divisione corazzata lanciò un attacco da Solotwina verso Nadvorna, Delatyn e Kolomea, catturando le prime due località il 18 aprile dopo pesanti combattimenti e stabilendo

due teste di ponte sulle rive del fiume Bistrica. Facendo un bilancio, all'epoca disponeva solo di 17 Turan da 75 mm (41M Turan), 31 Turan da 40 mm (40M Turan) e alcuni Toldi.
Il grosso dell'attacco ungherese fu guidato dal gruppo di battaglia del colonnello Bercsényi, con gli ungheresi che ricevettero il supporto delle unità corazzate tedesche (15 Marder del 615° battaglione cacciatori di carri, 7 Pz IV e tra 7 e 9 Tiger del 503° battaglione Panzer). Il 17 aprile i Turan ingaggiarono per la prima volta i mezzi corazzati sovietici e, sebbene fosse un miraggio, ne uscirono vincitori, distruggendo due T-34 in cambio della perdita di due Turan a nord di Nadvorna. Il 21 aprile il 3/I Battaglione attaccò due T-34 semisepolti a Slobodca Lesna; sei Turan furono distrutti e uccisi. In totale sono stati distrutti quattro T-34 e un T-60 e sono stati persi anche due Marder tedeschi. Lo stesso giorno, il 21 aprile, la 2ª batteria del 1° battaglione d'assalto carri armati fece il suo debutto in prima linea a soste-

▲ Un carro armato Turán attraversa un ponte militare. Questo carro armato e corazzato non era sufficiente per poter competere alla pari con i sovietici, così l'industria ungherese degli armamenti cercò di risolvere il problema con il Turán III. Questo nuovo carro armato avrebbe rappresentato un importante passo avanti nell'aumento della potenza corazzata ungherese, ma era ancora indietro rispetto ai moderni carri armati utilizzati dai sovietici in combattimento.

gno della 16ª divisione di fanteria ungherese a Bohorodchany. Nonostante la difficoltà dei combattimenti, diversi semicingolati M3 di fabbricazione americana furono catturati intatti dopo un attacco a sorpresa ungherese da un fianco. La resistenza sovietica fu strenua, tanto che, dopo essere stata rinforzata da una brigata corazzata, il 22 aprile riuscì a condurre un contrattacco che fermò l'avanzata ungherese. I fanti ungheresi della 16ª Divisione di fanteria poterono fare ben poco per contrastare il massiccio attacco sovietico, ma l'intervento dei veicoli del 1° Battaglione carri armati colmò appena il divario e poi lanciò un contrattacco in cui almeno 17 carri armati T-34 furono messi fuori uso. Dopo aver riguadagnato il terreno perduto, altri contrattacchi di Zrinyi nella sera dello stesso giorno catturarono un villaggio in direzione di Kolomea.

Queste battaglie esposero completamente i Turan, poiché un T-34 poteva sparare contro di loro con la possibilità di distruggerli da 1500-2000 metri di distanza, mentre i Turan dove-

▲ La corazzatura massima del Turan era di 50 mm nella parte anteriore (fino a 60 mm nei modelli più moderni). Nelle altre parti del carro, la corazzatura variava da 8 a 25 mm nelle aree orizzontali e da 25 a 40 mm nelle aree verticali. Sul Turan III, la corazza frontale doveva avere uno spessore di 80 mm e le minigonne laterali da 8 mm dovevano essere montate di serie su questo carro armato.

vano avvicinarsi fino a 600 metri se avevano un cannone da 75 mm o a 400 metri se avevano un cannone da 40 mm. Inoltre, lo spessore della loro corazza era irrisorio per i proiettili sovietici, anche se alcuni Turan erano dotati di minigonne laterali, ma queste non erano sufficienti a causa della loro fragilità quando venivano colpiti dai proiettili nemici.

L'attacco delle truppe ungheresi in collaborazione con i tedeschi era stato efficace fino a quel momento, poiché le unità sovietiche del 4° Fronte Ucraino e della 1° Armata della Guardia erano state sorprese. Ma una volta stabilizzate le linee sovietiche il 26 aprile, i sovietici iniziarono a prendere il comando degli attacchi, costringendo le truppe dell'Asse ad assumere posizioni difensive, che sarebbero rimaste stabili fino alla fine di luglio 1944. Almeno la 1ª Armata ungherese aveva raggiunto l'obiettivo di stabilire il collegamento tra i due Gruppi d'armate tedeschi.

Tra il 27 e il 28 aprile, la 3ª batteria perse il suo comandante, il 1° tenente Waczek. A causa dell'urgenza della situazione, dovette assumere lui stesso il comando della batteria durante i combattimenti in corso. Al termine dei combattimenti, il comando della 3ª batteria passò al 1° tenente Rátz.

La difficoltà di mantenere la posizione di fronte alla crescente superiorità dei sovietici in termini di uomini e carri armati fece sì che il 30 aprile la 2ª batteria ricevesse l'ordine di ritirarsi in direzione di Stanislau.

La crescente resistenza sovietica fece sì che la seconda fase dell'operazione, incentrata sulla cattura della città di Kolomea, non fosse più l'avanzata trionfale che era stata fino a quel momento. Il terreno era molto difficile, poiché il fango formatosi dopo le nevicate e l'ingrossamento dei fiumi creavano numerosi ostacoli all'avanzata dei veicoli cingolati e gommati. Nonostante ciò, i sovietici sfruttarono il terreno difficile a loro vantaggio, in quanto l'attacco ungherese dovette essere rallentato e infine fermato il 3 maggio 1944 a Slovodka Lesna e Ocharnnyk, il che significava che Kolomea sarebbe rimasta definitivamente in mano sovietica. In questa avanzata, la 2ª DA subì la perdita di 24 carri armati (9 Turán 75, 8 Turán 40, 4 Nimród e 2 Csaba). Inoltre, è molto negativo che almeno altri 88 carri armati abbiano avuto

▲ L'aggiunta delle minigonne laterali allo Zrínyi II ne migliorò la sopravvivenza durante gli scontri con il nemico.

vari problemi meccanici (6 dei quali non poterono essere riparati e altri 7 dovettero essere lasciati indietro per essere catturati in seguito dai sovietici). Complessivamente, 35 veicoli corazzati andarono definitivamente perduti e 75 dovettero essere rispediti a casa per essere riparati, a causa della mancanza di un'adeguata manutenzione di questi carri armati, come già detto. Il lato positivo è che furono distrutti almeno 48 veicoli corazzati sovietici, 27 dei quali appartenevano al 3° Reggimento corazzato ungherese della 2° Divisione corazzata ungherese.

Le perdite della 2ª Divisione corazzata ammontarono a 184 morti, 1153 feriti e 112 dispersi tra il 17 aprile e il 13 maggio. Il 3° Reggimento Fucilieri Motorizzati perse 1060 uomini e il Reggimento Carri Armati 384. Queste perdite umane e materiali resero la 2ª Divisione Corazzata completamente inutile per l'uso al fronte e fu ritirata dalla linea del fronte per unirsi alla Riserva della 1ª Armata ungherese il 12 maggio. Il generale Model, comandante del Gruppo d'Armate Nord Ucraina, lodò lo spirito combattivo delle forze corazzate ungheresi durante le battaglie che avevano combattuto.

Era chiaro che i veicoli corazzati di costruzione ungherese non erano all'altezza delle forze corazzate sovietiche; inoltre, il livello di manutenzione era minimo, il che, insieme alla virtuale mancanza di pezzi di ricambio, rendeva la situazione sfavorevole per gli ungheresi. Per questo motivo, il 4 maggio l'Alto Comando tedesco concordò con il governo ungherese di riequipaggiare parzialmente la 2ª Divisione corazzata con equipaggiamento tedesco. Così, tra il 6 e il 14 maggio, furono consegnati a Nadvorna 12 PZ IV H, 10 Pz VI E Tiger e 10 StuG III G. Il Battaglione 3/I fu equipaggiato con equipaggiamento tedesco, mentre il Battaglione 3/II fu equipaggiato con i Tiger ungheresi. Per preparare i nuovi equipaggi ungheresi di Tiger, fu necessario un addestramento preliminare sotto la guida di soldati tedeschi per il loro utilizzo a Kolomyia, sul fiume Prut e sede temporanea dello Schwere Panzer-Abteilung 509. I magiari dovevano ricevere i nuovi carri armati Tiger ricevuti dallo Schwere Panzer-Abteilung 509, ma contrariamente agli ordini ricevuti, i tedeschi diedero loro i carri armati più usati, compresi alcuni carri malconci che avevano ricevuto a maggio dallo Schwere Panzer-Abteilung 503. Questo addestramento si svolse tra maggio e giugno 1944 a Nadvorna, che era già diventato il prossimo obiettivo dei sovietici.

Dopo il riequipaggiamento tedesco, il 3/I Battaglione aveva 4 compagnie, la prima con 11 Pz IV H, la seconda con 6 Tiger, la terza con 6 Tiger e la quarta con 9 StuG III. Le compagnie con i potenti Tiger erano comandate dal 1° Tenente Ervin Tarczay e dal Capitano János Vetress. I veicoli in eccedenza lasciati dalle varie compagnie furono a loro volta consegnati al 3/II Battaglione della Divisione. Oltre ai 10 veicoli Tiger ricevuti, i tedeschi ne regalarono altri tre in occasione del compleanno del Maggiore Generale Hollósy-Kuthy, allora Ispettore del Genio ungherese. Gli ungheresi li distribuirono inviandone due alle compagnie che già possedevano i Tiger a e il rimanente fu tenuto per entrare a far parte dell'unità di addestramento per il nuovo materiale tedesco, poiché gli ungheresi prevedevano che il nuovo materiale tedesco sarebbe arrivato a breve. In questa unità di addestramento comandata dal tenente Eszes, oltre al Tiger, erano disponibili un Pz IV H e uno StuG III. Tuttavia, nessun altro materiale tedesco sarebbe stato ricevuto a breve.

Dopo circa un mese di apprendimento della gestione delle nuove cavalcature, l'ultimo passo per la completa conversione dei nuovi equipaggi ungheresi in veicoli tedeschi fu l'utilizzo in

▲ Nuovi membri dell'equipaggio ungherese prestano la loro completa attenzione agli istruttori tedeschi sulla torretta di un Tiger

linea di tiro. Così furono incorporati nei combattimenti della 24ª Divisione di fanteria tedesca. I carri armati agivano con i loro equipaggi ungheresi a sostegno di queste truppe. In questo addestramento fornito dai tedeschi agli ungheresi, 3 T-34 e diversi cannoni anticarro sovietici furono distrutti dai magiari.

Con l'arrivo di nuovi Zrínyi dalle fabbriche, i nuovi battaglioni di carri armati iniziarono a essere rafforzati; il 7° battaglione di carri armati fu formato a Sümeg, il 10° a Szigetvár, il 13° a Csongrád, il 16° a Debrecen, il 20° a Eger, il 24° a Kassa e il 25° a Kolozsvár. Tuttavia, non essendoci Zrínyi per completarli tutti, si continuò a usare Toldi e Turán.

Intorno al 19 maggio, la 3ª Batteria del 1° Battaglione carri d'assalto fu inviata a sud del villaggio di Pruth, dove avrebbe operato come unità indipendente sotto l'XI Corpo, che faceva parte della 1ª Armata ungherese. La 3ª batteria fu impegnata per la prima volta in combattimento il 20 maggio nella zona di Peczenyczyn (a sud-est della Kolomea ucraina).

A metà giugno la 1ª Batteria del 1° Battaglione carri d'assalto sotto il comando del 1° Tenente Sandor arrivò finalmente al fronte da Hajmáskér con 10 Zrínyi, rendendo così la prima volta che l'intero 1° Battaglione carri d'assalto era al fronte (10 veicoli per Batteria e un veicolo di comando aggiuntivo). La 3ª Batteria sotto il comando del sottotenente Rátz effettuò un attacco alle posizioni sovietiche il 9 luglio a Pechenizhyn, dove uno Zrínyi cadde in una trincea e fu abbandonato in territorio nemico per essere recuperato il giorno successivo sotto il fuoco nemico dal sottotenente Rátz (per il quale ricevette la Croce di Ferro di 2ª classe l'11 luglio 1944).

Alla fine di giugno e durante il mese di luglio, un gruppo di soldati carristi ungheresi si recò a Magdeburgo, in Germania, per riqualificarsi nell'uso dei carri armati. Tuttavia, le

▲ Un'altra immagine di uno StuG III ungherese, in questo caso con le minigonne laterali. Questo veicolo di origine tedesca diede un notevole impulso all'efficacia delle forze corazzate magiare.

▲ Soldati magiari in posa sulla groppa di un Pz IV H con gonne laterali.

sei settimane di addestramento dovettero essere accorciate dopo l'attentato di Hitler del 20 luglio 1944.
Sicuramente il 13 luglio l'esercito sovietico lanciò un'offensiva verso Sandomierz e Lvov (Leopoli), la prima nel sud-est della Polonia e la seconda in Galizia, provocando la rottura della linea del fronte tenuta dall'Ungheria. Il 1° Fronte ucraino del maresciallo Koniev agì come un ariete contro le deboli linee difensive dell'Asse, che consistevano nell'Heeresgruppe Nordukraine comprendente la 4ª Armata Panzer sul fianco sinistro, la 1ª Armata Panzer al centro e la 1ª Armata ungherese sul fianco destro. Per questo motivo la 2ª Divisione corazzata fu messa in allerta e schierata d'urgenza a Stanislau il 23 luglio, mentre il resto della 1ª Armata ungherese cercava il riparo dei Carpazi dove avrebbe preso posizione nelle fortificazioni incomplete della linea "Hunyadi".
Durante l'offensiva sovietica di luglio il 1° battaglione carri subì pesanti perdite e la 1° e la 2° batteria dovettero essere utilizzate come unità di retroguardia per rallentare l'avanzata sovietica a est di Ottynia. Il Capitano Barankay fu ucciso in un raid aereo il 13 luglio nella città di Targowica (ancora all'interno delle sue linee) mentre dirigeva i suoi veicoli verso Ottynia, lasciando l'unità al comando del Maggiore Doory, arrivato dall'Ungheria alla fine di luglio. Il capitano Barankay fu sepolto con tutti gli onori a Stanislau. Nell'agosto del 1944, dopo la sua morte, gli fu conferita la Medaglia d'oro al valore di ufficiale per l'esemplare guida del suo battaglione durante i combattimenti nella campagna di Galizia. József Barankay Rohamtüzér Osztály" (1° Battaglione carri d'assalto József Barankay) come tributo a Barankay.
Nel massiccio attacco sovietico, il 3/I Battaglione non riuscì a tenerlo a bada e diverse truppe tigre ungheresi che cercavano di raggiungere il nord di Stanislau furono respinte. Ciò

▲ Ervin Tarczay posa sul suo Pz VI Tiger in questa vista frontale. Con questo veicolo ottenne molte delle sue vittorie in diversi scontri. Giugno 1944.

spinse la 1ª Armata ungherese a ordinare finalmente il ritiro di queste truppe, ordinando alle truppe tigre di agire come retroguardia per la ritirata. Questa era proprio una missione per la quale il Tigre aveva una grande capacità grazie alla sua grande armatura e al suo migliore armamento; inoltre le condizioni favorevoli del terreno attraverso il quale i loro compatrioti si stavano ritirando, con strette strade di montagna che diminuivano la superiorità di materiale con cui i sovietici potevano confrontarsi con gli ungheresi. In una di queste battaglie nei pressi di Saturnia, Ervin Tarczay, l'asso corazzato ungherese, al comando di due carri armati Tiger, riuscì a distruggere 14 veicoli corazzati nemici (principalmente T-34) sulla collina 514 in mezz'ora senza subire alcuna perdita.

Ma dopo i sovietici, il problema principale degli ungheresi erano anche i loro moderni veicoli tedeschi: la mancanza di benzina, di pezzi di ricambio e dei tanto necessari trattori per trainare i veicoli danneggiati per le riparazioni ostacolò definitivamente la loro capacità di riorganizzarsi e di tornare a essere una forza offensiva. In tali circostanze, furono costretti a svolgere compiti difensivi volti a causare il massimo logorio ai sovietici, le cui scorte materiali e umane sembravano inesauribili.

Va notato che questo ritiro richiesto dal Capo di Stato Maggiore ungherese, il colonnello generale Vörös, non fu inizialmente autorizzato dall'Alto Comando tedesco. Il motivo era l'incapacità delle truppe ungheresi di resistere all'assalto sovietico alle posizioni schierate e, sebbene questo fosse un fatto ovvio, non si verificò fino al nuovo attacco sovietico del 22 luglio. Da quel momento in poi, nonostante il tentativo di procedere nel modo più ordinato possibile, le infrastrutture e il terreno accidentato non furono di grande aiuto.

Dal 24 al 29 luglio, le unità corazzate della 2ª Divisione corazzata si impegnarono in continui scontri contro i sovietici, combattendo lungo la rotta Czuczylow-Grabevjec-Horohodina-Saturnia-Rosulna-Kraszna-Rozniatow-Dolina. Questi continui scontri fecero diminuire drasticamente il numero di veicoli corazzati in servizio: il 3/I Battaglione perse sette carri armati Tiger a causa del logorio dei combattimenti, solo tre dei quali raggiunsero il territorio ungherese. Da parte sua, il 3/III Battaglione, che era stato lasciato in Ungheria per completare il suo addestramento, si ricongiunse finalmente ai suoi compagni nel mese di luglio. Il 22 luglio questo Battaglione subì le prime perdite nel suo battesimo del fuoco e continuò a subirne nelle battaglie successive, come quelle del 24 luglio a Milanowie e del 26 luglio a Dzwiniacz.

Lo stesso 24 luglio la 2ª batteria del 1° battaglione carri armati tese un'imboscata a 3 T-34 a Winograd e riuscì a distruggerli. Questa azione, insieme a quella condotta lo stesso giorno di propria iniziativa dal tenente Buszek della 2ª batteria, permise di respingere un'unità di fucilieri sovietici che aveva accerchiato una batteria di artiglieria ungherese. Tre giorni dopo il 1° Battaglione carri si unì alla 2ª Divisione corazzata per mantenere aperta la via di fuga delle truppe in ritirata nella valle di Lukwa, in direzione di Rozniatow, Dolina e infine Wygoda. L'unica via di fuga era la già citata valle di Lukwa, che era stata fatta crollare dalle truppe in fuga inseguite dai sovietici. Il 1° Battaglione carri avrebbe ricevuto l'ordine

▲ L'addestramento degli equipaggi ungheresi sui nuovi veicoli ricevuti dalla Germania fu effettuato dai tedeschi. Qui si vede un Pz VI in primo piano, uno StuG III e un Pz IV H sullo sfondo.

di mantenere la via aperta a tutti i costi, eliminando qualsiasi ostacolo esistente. Gli Zrinyi del Battaglione fungevano anche da veicoli di trasporto improvvisati per la moltitudine di feriti che cercavano di salvarsi la vita. In questo combattimento, più di due terzi degli Zrinyi andarono perduti.

La 1ª e la 2ª batteria subirono pesanti perdite durante questa operazione, ma riuscirono a raggiungere il confine ungherese il 28 luglio, insieme allo staff del 1° battaglione carri, attraverso il passo di Toronya nei Carpazi nord-orientali. Il 1° Battaglione carri si stabilì nel villaggio di Felsöveresmo, vicino a Hust, dove lo staff della 1ª Armata ungherese era arrivato poco prima dopo la sua ritirata. Il 1° Battaglione rimase a Felsöveresmo fino alla fine di settembre 1944.

Da parte sua, la 3ª Batteria al comando di Rátz, avendo operato in aree meno esposte agli attacchi sovietici e non essendo stata coinvolta nel grosso dei combattimenti, riuscì a rientrare sana e salva in Ungheria attraverso il passo Tatár con i suoi 10 Zrínyi. I veicoli di supporto della 3ª batteria riuscirono ad attraversare il ponte di Deatyn sul fiume Pruth, ma i veicoli più pesanti dovettero attraversare il fiume un po' più a sud. Dopo l'arrivo in Ungheria, la batteria fu dislocata a Korosme.

Il tremendo logoramento subito dalla 2ª Divisione corazzata portò alla decisione di ritirarla dalla linea del fronte per riorganizzarsi a Huszt. Il 9 agosto l'arsenale della 2ª Divisione corazzata era composto da 14 Toldis, 40 Turán-40, 14 Turán-75, 1 Panzer III, 1 StuG III G e 9 Panzer IV H. Anche tre Tiger erano sopravvissuti ai pesanti combattimenti, ma erano abbastanza danneggiati da decidere di ritirarli per ulteriori riparazioni. L'asso ungherese Tarczay rimase così senza la sua favolosa cavalcatura, anche se presto sarebbe tornato a comandare un altro carro armato di origine tedesca, il Panther.

Grazie alla posizione delle truppe ungheresi nei Carpazi e alle difficoltà che ciò poneva alle truppe sovietiche, ci fu una leggera pausa nell'offensiva. Questa pausa servì a reintegrare le perdite e a migliorare le riserve, in modo da prepararsi a fondo per il prossimo attacco, che le avrebbe portate nelle terre magiare. Nel frattempo gli ungheresi colsero l'occasione per migliorare il più possibile le loro posizioni sulla linea "Hunyadi" e per prepararsi all'imminente attacco sovietico. Tra queste mosse ungheresi vi fu la sostituzione, nell'agosto 1944, dell'esaurito 1° Battaglione d'assalto carri armati (con solo un terzo della sua forza di combattimento iniziale) con il 10° Battaglione d'assalto carri armati che era stato formato a Szigetvár nelle sue posizioni nei Carpazi. Per rendere il 10° Battaglione pronto al combattimento, furono raccolti Zrínyi da tutte le parti (dagli altri battaglioni in formazione); anche la 3ª Batteria del 10° doveva essere formata dagli Zrínyi superstiti della 3ª Batteria del 1° Battaglione carri.

Durante l'offensiva sovietica in Galizia, la situazione al fronte era terrificante per gli ungheresi. Nonostante ciò, e grazie alle loro forze corazzate, molto limitate sia in termini di quantità che di qualità, riuscirono a mantenere la via di fuga per il resto delle truppe dell'Asse, impedendo al contempo all'Armata Rossa di entrare inizialmente in territorio ungherese.

Il 7° battaglione carri ricevette 31 StuG III dai tedeschi e fu pronto a partire per il fronte alla fine di agosto, con solo pochi giorni per addestrarsi con i nuovi veicoli. Il 7° battaglione carri avrebbe poi combattuto come parte della 3ª Armata ad Arad nel settembre dello stesso anno.

▲ Oltre all'innegabile vantaggio difensivo che le minigonne laterali conferivano allo Zrínyi II, vi era anche un aumento del peso del veicolo e quindi una riduzione della sua capacità di movimento. Questo veicolo è stato catturato dai sovietici ed è ora esposto nel museo di Kubinka.

▼ I resti del Capitano Barankay del 1° Battaglione carri armati giacciono in uno Zrínyi II sorvegliati dalla sua guardia d'onore.

▲ Due Nimród partecipano a un'esercitazione di fuoco antiaereo in Galizia. Si vedono alcuni fanti che si rilassano e si "godono" l'esercitazione.

▼ Primo piano del tenente Ervin Tarczay (a sinistra), il più famoso asso delle forze corazzate ungheresi nella Seconda Guerra Mondiale.

▲ Il guado di un fiume da parte di un Turán II provoca l'eccitazione di alcuni soldati ingegneri magiari durante una pausa dei combattimenti in Galizia nel 1944.

▼ In questa foto di Tarczay sul suo Tiger, possiamo vedere sia l'emblema tedesco sul carro armato che il suo numero, indicativo della 2ª Compagnia del 3º Battaglione della 2ª Divisione corazzata. Immagine scattata in Galizia nel giugno 1944.

▲ Una colonna di StuG III ungheresi avanza nella zona di combattimento. Il 7° battaglione carri armati ha ricevuto la maggior parte, ma non tutti, questi veicoli.

▼ Tarczay con il suo Pz VI Tiger. L'Ungheria è stata l'unica tra gli alleati della Germania a possedere alcune unità di questo brillante carro armato tedesco.

MAGIARI IN POLONIA

Un'unità di cui non abbiamo parlato è la 1ª Divisione di cavalleria, che fu mobilitata il 29 aprile 1944 (26° secondo Bernád) e inviata al fronte. L'idea ungherese era di subordinarla alla 1ª Armata schierata nei Carpazi e di collocarla sulla sua ala sinistra, ma i tedeschi rifiutarono questa idea e gli ussari furono inviati separatamente dalle altre unità ungheresi, cioè nelle paludi di Pripet (Bielorussia meridionale e Ucraina nord-occidentale). Lì formarono la riserva della II Armata tedesca con il nome di II Corpo di riserva ungherese dopo essere arrivati a Pinsk il 20 giugno e a Luninets il 21 giugno. Tuttavia, questa missione era solo sulla carta, poiché si trovarono presto impegnati in attività antipartigiane nei pressi delle linee ferroviarie della zona e, dopo l'inizio dell'"Operazione Bagration", divennero un'unità di prima linea. Inoltre, la 1ª Divisione di cavalleria fu suddivisa in divisioni più piccole che operavano separatamente l'una dall'altra. Ad esempio, il 2° Reggimento Ussari combatté le truppe partigiane a Luninniec.
Questa unità comprendeva il 1° battaglione carri di cavalleria, che aveva una compagnia di carri pesanti, tre compagnie di carri medi e una compagnia di comando. In totale c'erano 25 38M Toldi, 54 40M Turan 40, 11 41M Turan 75. Secondo altre fonti, c'erano 65 medi, 11 pesanti, 5 Toldi e tre Pz 38. Anche il 15° Battaglione Ciclisti della 1° Divisione di Cavalleria, che aveva un plotone con 4 40M Nimród.
L'offensiva sovietica travolse l'intera linea difensiva del Gruppo d'Armate Centro, formando un enorme varco. Le truppe di cavalleria magiare dovettero spostarsi di circa 150 km verso est per fermare i sovietici. Il 30 giugno la città di Slutsk era caduta e la Divisione ungherese dovette ritirarsi verso nord.

▲ Uno dei Pz III M ricevuti dagli ungheresi nel settembre 1942 per cercare di superare le immense perdite subite sul fronte del Don.

Dopo i primi giorni al fronte, il 2 luglio 1944, il 1° battaglione carri di cavalleria si divise in due gruppi di battaglia:
- La 4ª compagnia carri pesanti era subordinata al gruppo di battaglia del colonnello Schell a Tinkovicze (questo gruppo comprendeva, oltre alla compagnia carri pesanti, anche un reggimento e mezzo di ussari, due battaglioni e mezzo di artiglieria, una batteria antiaerea e un plotone di veicoli corazzati), che era supportato anche da una compagnia tedesca di cacciatorpediniere. Questo gruppo di battaglia aveva il compito di sostituire la 4ª Divisione di cavalleria tedesca alla testa di ponte di Tinkovicze.
- il resto del 1° battaglione carri di cavalleria e il 3° battaglione di ricognizione furono tenuti in riserva a Kletsk.

Il 3 luglio raggiunsero la zona di combattimento dove si trovarono di fronte quattro unità corazzate sovietiche di gran lunga superiori in uomini ed equipaggiamenti. Il Gruppo Schell lanciò un attacco il 3 luglio da Tinkovicze, ma fu respinto dai sovietici, che approfittarono della situazione per lanciare un contrattacco con le loro unità corazzate a Snolice e nelle zone vicine. In questa situazione, il 75° Turan fu l'unico in grado di contrastare il nemico senza subire perdite. Tuttavia, la ritirata fece sì che le truppe ungheresi fossero circondate a Kletsk, per cui fu ordinato loro di rompere l'accerchiamento attraverso il fiume Cerpa, utilizzando come punta di diamante la 4ª Compagnia carri pesanti comandata dal capitano Reök e supportata dalla 4ª Compagnia genieri (armata di panzerfaust). Da questa posizione si mossero in direzione del fiume Shchara. L'ingaggio avvenne il 4 luglio a Cerpa e furono ottenute diverse vittorie sui carri armati russi, a costo di perdere due Turan. Il capitano Reök perse un braccio nei pesanti combattimenti che permisero infine agli ungheresi di sfuggire all'accerchiamento. Nonostante le immense difficoltà e le pesanti perdite, la fuga

▲ Fotografia che mostra un Toldi II con una coppia di Toldi I alle spalle. Si può notare l'emblema che sarebbe stato utilizzato dalle forze corazzate ungheresi a partire dal 1942.

dall'accerchiamento in direzione del fiume Shchara può essere considerata un successo, in cui le forze corazzate, nonostante la loro modestia, fecero il loro dovere.

Il 6 luglio le truppe di cavalleria assunsero posizioni difensive nella zona di Mishanka, ma furono costrette a ritirarsi il giorno successivo quando furono minacciate di accerchiamento dalle fulminee avanzate dei sovietici sui loro fianchi. Dopo due settimane di combattimenti, l'unità aveva perso quasi tutti i suoi cavalli e dovette continuare a combattere a piedi come fanteria.

Il 13 luglio le truppe russe penetrarono tra le posizioni del 3° reggimento ussari ungherese e del 102° reggimento di fanteria tedesco. In questa situazione il 15° Battaglione ciclisti lanciò un attacco da Duzuny e riuscì a respingere i sovietici dopo un combattimento corpo a corpo. La 1ª Divisione di cavalleria doveva "riempire" un grande vuoto nelle linee difensive tedesche, cosa che fece in un primo momento, nonostante la superiorità del nemico. Dopo aver lasciato la sacca di Kletsk e fino al 25 luglio, la 1ª Divisione di cavalleria si trovò in una continua ritirata in combattimento in direzione del fiume Vistola. Lungo il percorso, gran parte della flotta della Divisione andò perduta. Infatti, il 1° Battaglione carri armati di cavalleria perse tutti i suoi carri armati (84 in totale) e il 3° Battaglione di ricognizione aveva solo 6 Csaba sui 23 originari. Fino al 15 luglio, le perdite delle varie unità variavano dal 30 al 40% della loro forza.

Dall'agosto 1944, la 1ª Divisione di cavalleria fu riorganizzata e ricevette alcuni equipaggiamenti tedeschi. Soprattutto cannoni anticarro e armi leggere anticarro. Solo la 2ª cavalleria rimase completamente montata, mentre la 3ª e la 4ª ebbero un battaglione di fanteria e un battaglione di truppe montate. La Divisione ricevette anche dieci distruttori di carri armati Hetzer come supporto (i primi veicoli di questo tipo ricevuti dai magiari). Il comandante della Divisione, il Maggiore Generale Ibrányi, rifiutò ai tedeschi la possibilità di essere inviati a combattere le forze polacche che mantenevano la rivolta a Varsavia, facendo riferimento alla tradizionale amicizia tra polacchi e ungheresi. Durante questo periodo di ristoro l'unità fu battezzata "Divisione Ussari" in riconoscimento delle sue eccellenti prestazioni in combattimento.

Le operazioni della divisione di cavalleria in Polonia terminarono nel settembre 1944, quindi fu rimandata in Ungheria, dove sarebbe stata rinforzata con truppe ma non avrebbe ricevuto altri mezzi corazzati.

▲ Truppe di cavalleria ungheresi in missione di ricognizione.

COMBATTIMENTI NEI CARPAZI E IN TRANSILVANIA

Avevamo lasciato i sovietici nella campagna galiziana ed eravamo pronti a iniziare l'attacco ai Carpazi ungheresi. Ricordiamo che i Carpazi formano una catena montuosa che parte dal Danubio a Bratislava, curva a nord-est verso i Monti Tatra, svolta a sud-ovest verso la Transilvania e raggiunge nuovamente il Danubio a Orsova e la cosiddetta "Porta di Ferro". Durante la ritirata dalla Galizia, la 2ª Divisione corazzata coprì la ritirata dei suoi compatrioti posizionandosi nella zona del villaggio di Dolina, tenendolo per due giorni contro l'avanzata dell'esercito sovietico. Fortunatamente, la 1ª Armata ungherese era riuscita a rientrare in territorio ungherese per prendere posizione nella linea difensiva "Hunyadi" dopo aver abbandonato ordinatamente la linea del "Prinz Eugen". È interessante a questo punto commentare le linee difensive che le truppe magiare avevano costruito e riabilitato dal 1940 al 1944 in tutta la loro geografia per difendere i loro confini in caso di attacco da parte di uno dei loro nemici, ma concentrandosi in questa occasione sul fronte dei Carpazi. La linea "Hunyadi" non era l'unica linea di questo tipo nei Carpazi, che erano in tutto tre, a cui se ne aggiungeva una che si trovava prima dei contrafforti dei Carpazi in Galizia (ci riferiamo alla già citata linea "Prinz Eugen", la più esposta al nemico, che correva da Kovel verso sud e si trovava a una decina di chilometri dal fronte nel maggio 1944).

La linea "Hunyadi" era stata costruita dalle truppe di costruzione della 1ª Armata ed era composta da molteplici parapetti e punti di forza costruiti in terra e legno, circondati da filo spinato e ostacoli anticarro che avrebbero favorito le tattiche difensive magiare. Questa linea non era una vera e propria linea difensiva fortificata nel senso classico del termine, ma "cavalcava" varie alture dei Carpazi nord-orientali proprio davanti al confine ungherese. Direttamente dietro il confine ungherese si trovava la linea "San László", che correva lungo il confine ungherese. László", che correva letteralmente lungo il confine storico dell'Ungheria (aveva numerose trincee e fortificazioni costruite durante la Prima Guerra Mondiale che la

▲ In caso di fortuna, i trasferimenti delle truppe ungheresi in URSS avvenivano per ferrovia.

rendevano tutt'altro che inespugnabile ed era sostenuta da alcune alture che proteggevano i passi montani di Tatár, Pantyr, Toronya, Verecke e Uzsok), mentre più indietro, sfruttando le asperità del terreno e punteggiata da numerosi punti di forza interconnessi, si trovava la linea "Árpád", più fortemente preparata. Quest'ultima linea difensiva, la "Árpád", fu stabilita tra le città di Körömezö e Fenyvesvölgy, e forniva copertura alle strade che percorrevano le valli dietro la zona montuosa; per dare maggiore sicurezza in profondità, fu creata una linea difensiva più piccola a circa 5-10 chilometri dietro la "Árpád". Dal momento che i magiari avevano predisposto le loro linee difensive, forse l'opzione più fattibile sarebbe stata quella di lasciar perdere l'attacco frontale alle linee ungheresi e di attaccare l'Ungheria da nord attraverso la valle del fiume Dukla, al confine con la Slovacchia e appena a nord del passo montano di Uzsok; oppure da sud dalla Transilvania (anche se quell'area era coperta dalla Romania "alleata").

I preparativi e la successiva riorganizzazione dei sovietici ebbero vita breve dopo i combattimenti dei mesi precedenti, poiché l'11 agosto gli uomini della 1ª Armata ungherese cominciarono ad essere attaccati. I sovietici non erano però l'unica preoccupazione dell'Ungheria, perché il 25 agosto la Romania cambiò schieramento dopo un colpo di Stato, poi dichiarò guerra al suo vicino ungherese e infine si unì ai sovietici in un attacco per conquistare la Transilvania (ricordiamo che questa regione era oggetto di una disputa tra rumeni e ungheresi). L'ultima goccia per la resistenza rumena ai sovietici fu la battaglia per Iași e Chișinău nell'agosto 1944 (parte dell'offensiva sovietica per la Bessaravia e la Moldavia tra il 20 e il 29 agosto 1944), che lasciò le "porte" della Romania spalancate al gigante russo, dato che la rete difensiva tedesco-rumena fu praticamente messa fuori gioco.

▲ Una delle poche fotografie che mostrano un cacciacarri Hetzer con le insegne magiare.

▲ Un carro armato Ansaldo cerca di guadare un fiume in Transilvania.

▼ Truppe cicliste in Transilvania, che svolsero un ruolo importante nella presa di queste terre.

▲ Veicoli corazzati ungheresi vengono accolti con applausi il 13 settembre 1940 a Kézdivásárhely, una città della Transilvania occidentale. In primo piano un Toldi I del 2° Battaglione di Ricognizione con le insegne tricolori.

Avere la Romania come nemico poneva un altro problema, poiché i confini, soprattutto nella Transilvania meridionale, che fino ad allora erano stati tenuti con truppe di seconda classe per il servizio di guardia (il piano difensivo originale era stato sostenuto dagli "alleati" rumeni), ora diventavano la linea del fronte, proprio attraverso la "porta di servizio" del Paese magiaro. Dopo il cambio di schieramento della Romania nel settembre 1944, l'Alto Stato Maggiore ungherese dovette elaborare un piano per la difesa della Transilvania occidentale. L'idea era quella di formare una linea difensiva nei Carpazi meridionali, lungo il confine rumeno-ungherese, attraverso un attacco preventivo per impedire alle truppe russe e rumene di avanzare in territorio ungherese. A tal fine, fu rapidamente organizzata e mobilitata una nuova 2ª Armata con due divisioni, una brigata di riserva e tre divisioni provenienti da est, alle quali fu aggiunta la 2ª Divisione corazzata. Fu formata anche una debole 3ª Armata con una divisione regolare (20ª Fanteria), tre divisioni di riserva (5ª, 8ª e 23ª Fanteria) e altre unità minori.

Le forze combinate rumeno-sovietiche contavano 72 divisioni, contro le quali i magiari potevano schierare solo le già citate 2ª e 3ª Armata, che non avevano un numero sufficiente di uomini o di armi moderne per fronteggiarle con una minima garanzia di successo.

Allo stesso tempo, le forze sovietiche che affrontavano la linea "Hunyadi" sul fronte dei Carpazi riuscirono a sfondare la rete difensiva e penetrarono in territorio ungherese il 27 settembre, dove i difensori delle linee "St. László" e "Árpád" li aspettavano con determinazione, pronti a proteggere la loro patria dall'invasore.

▲ Un fiero soldato ungherese posa con un cannone Bofors 36M da 40 mm.

In seguito alla ristrutturazione del fronte dopo la nuova offensiva sovietica, ora sostenuta dai rumeni, la 2ª e la 3ª Armata ungherese furono subordinate al Gruppo d'armate Sud tedesco, che disponeva di 30 divisioni, 3500 pezzi d'artiglieria, 300 carri armati e circa 500 aerei. Ad esse si opponeva l'imponente 2° Fronte ucraino con 60 divisioni, 10.000 pezzi d'artiglieria, 7.800 carri armati e 1.000 aerei. Il Gruppo d'Armate Sud tedesco fu diviso in due gruppi tattici operativi, con la 2ª Armata ungherese e l'8ª Armata tedesca subordinate al Gruppo Wöhler, mentre la 3ª Armata ungherese e la 6ª Armata tedesca furono integrate nel Gruppo Fretter-Pico. In questo modo, le unità ungheresi sarebbero state completamente controllate dai tedeschi per evitare qualsiasi dissenso.

Il primo tentativo dei rumeni contro gli ungheresi in territorio ungherese ebbe luogo il 25 agosto, quando un gruppo di fanteria rumena attraversò il confine attraverso i Monti Keleman (Călimani) e si scontrò con il 23° Battaglione delle Guardie di confine.

Solo un giorno dopo, le truppe di fanteria sovietiche della 7ª Guardia e le truppe corazzate del 23° Corpo corazzato attraversarono il confine attraverso le valli di Úz e Csobányos, nonché a nord dei monti Ciuc, portando di fatto la guerra in territorio magiaro per la prima volta nell'intero conflitto.

I combattimenti in Transilvania coinvolsero il 10° battaglione d'assalto carri, il 101° e il 102° treno corazzato e la 2° divisione corazzata. Quest'ultima unità era comandata dal maggior generale Zsedény, mentre il comandante del 3° reggimento carri era il colonnello Balsay. In realtà la 2ª Divisione corazzata, dopo i continui combattimenti in Galizia, era ben al di sotto del livello desiderato per combattere. Disponeva di 14 Toldi, 40 40M Turán 40, 14 41M Turán 75, 21 40M Nimród e 12 39M Csaba. Inoltre la 2ª Divisione fu rinforzata con un Pz III, 9 Pz IV H, 3 Tiger e uno StuG III. Il 4 settembre, a causa dell'esaurimento dell'arsenale corazzato ungherese, fu necessario raggiungere un accordo con il Reich tedesco per l'invio di 20 Pz IVH e 5 Panther. Questi ultimi furono assegnati alla compagnia del 3/I battaglione carri armati del 1° tenente Taczay.

Ci sono alcuni dubbi sull'arrivo dei Panther, con fonti che affermano che ne sono stati ricevuti 10-12. Quel che è certo è che non esistono fotografie che mostrino equipaggi ungheresi che li utilizzano.

I circa 140 veicoli della 2ª Divisione corazzata furono trasportati in treno da Esztergom e Hajmáskér a Szamosfalva, dove arrivarono il 5 settembre, la stessa data in cui i sovietici presero la città di Brasov. Quindi nel settembre 1944 il pericolo proveniva da sud, come possiamo vedere, ma nella parte settentrionale dell'Ungheria i sovietici stavano cercando di forzare il passo di Dukla (al confine con la Slovacchia) e a ovest, come abbiamo detto, la linea "San László" era diventata la linea del fronte.

▲ 38M Toldi della Compagnia carri leggeri della Cavalleria in Transilvania nel 1940.

▲ Primo piano dello stretto compartimento dell'equipaggio del carro armato Csaba.

▼ Una colonna di 38M Botond in Transilvania.

▲ La maggior parte delle forze ungheresi non era motorizzata, quindi in molti casi è stata scelta l'opzione ipermobile.

▼ Immagine di un treno blindato sovietico messo fuori uso. Alcuni sarebbero stati riutilizzati in seguito.

▲ Il Turán II, con il suo cannone corto da 75 mm, rappresentava quasi l'apice della produzione magiara di carri armati nel periodo in questione.

LA BATTAGLIA DI TORDA

Alla fine di agosto del 1944 l'alto comando magiaro decise di avanzare nei Carpazi meridionali per raggiungere i passi di Vöröstorony (Turnu Rosu) e Vulkán prima che i sovietici potessero conquistarli, per poi cercare di raggiungere il Danubio alle "Porte di Ferro", dove avrebbero contattato le truppe tedesche in ritirata dai Balcani. Dovevano affrontare la 1ª Armata rumena, che era ancora in fase di riorganizzazione, ma che presto sarebbe stata raggiunta dalla 4ª Armata rumena riformata. L'avanzata ungherese avvenne senza alcun supporto tedesco, poiché i tedeschi erano concentrati sul processo di ritiro dalla Romania e sui combattimenti in altre zone del fronte.

La 2ª Armata ungherese sotto il generale Lajos Veress fu mobilitata insieme al IX e al II Corpo ungherese. Il IX Corpo si concentrava sulla tenuta della Transilvania settentrionale, mentre il II Corpo era responsabile dell'avanzata verso sud. Il II Corpo disponeva della 7ª e 9ª Divisione di rimpiazzo, ma presto sarebbero arrivate altre truppe dal nord, tra cui la 25ª Divisione di fanteria e la 2ª Divisione corazzata.

Il 5 settembre 1944, gli ungheresi lanciarono un'offensiva contro le forze rumene, in inferiorità numerica. La punta di diamante era la 2ª Divisione corazzata e al suo interno la 2ª Compagnia Tarczay, che aveva seguito la rotta Nagysármás-Mezõzáh-Mezõtóhát per raggiungere Marosluda il 5 settembre. Da Marosluda, dopo aver attraversato il fiume Aranyos (Ariete), al tramonto del 5 settembre partirono per Torda, dove iniziò l'attacco magiaro. Di fronte a loro, la 1ª e la 4ª armata rumene tentarono di opporre resistenza, ma furono inizialmente sopraffatte. Le truppe corazzate attaccarono il fianco sinistro per raggiungere Dicsőszentmárton (Târnăveni) il 7 settembre, mentre al centro la 9ª Divisione di rimpiazzo prese Marosújvár (Ocna Mureș) e Felvinc (Unirea), e la 7ª Divisione di rimpiazzo fu piantata davanti a Nagyenyed (Aiud). Tra le unità che presero parte all'offensiva c'era il 25° Battaglione carri d'assalto (che aveva già partecipato ad alcuni combattimenti in Transilvania, ma equipaggiato solo con cannoni anticarro PaK 40 da 75 mm). Il comandante del 25° battaglione carri, Vilmos Vértes, lo guidò con grande coraggio nonostante la mancanza di un equipaggiamento adeguato. Il primo giorno delle battaglie per Torda, il 5 settembre, il Battaglione catturò una grande quantità di materiale dai rumeni e molti prigionieri (tra cui il comandante in capo della 20ª Divisione di Fanteria, il Maggiore Generale Constantin Visarion). La necessità di avere più truppe corazzate fece sì che la 3ª batteria del 1° battaglione carri venisse trasportata in treno a Nagyvárad (Oradea), da dove fu posizionata sul fianco sinistro della 3ª armata ungherese. La 3ª batteria, comandata dal 1° tenente Rátz, costrinse i rumeni a ritirarsi dal villaggio di Belenyes, dove perse il suo Zrínyi dopo essere stato colpito da una mina.

L'inizio dell'offensiva magiara fu un successo, raggiungendo la città di Torda (Turda, oggi in Romania) dieci giorni dopo il suo inizio e attraversando finalmente i fiumi Maros (Mures). Ripresisi dal colpo iniziale, i rumeni inviarono il Corpo Meccanizzato, la 9ª Divisione di Fanteria e l'8ª Divisione di Cavalleria Motorizzata contro i magiari intorno all'8 settembre. Inoltre, la comparsa di truppe sovietiche e della Divisione corazzata rumena del generale Rozin fermò definitivamente gli ungheresi il 9 settembre nel loro tentativo di raggiungere i passi montani nel nord della Transilvania. Con la ritirata generale degli ungheresi, la 3ª Batteria del 1° Battaglione carri d'assalto dovette lasciare il suo Zrínyi al 10° Battaglione carri d'assalto (che era di stanza in Transilvania) prima di essere inviata in Ungheria alla fine di settembre.

▲ Immagine di un KV-1 sovietico messo fuori uso dagli ungheresi.

▲ Veicoli Mercedes Benz L 3000 e un T-34/76 catturato nel 1942.

Evidentemente, la superiorità numerica delle truppe rumene fu evidente quando riuscirono a bloccare l'avanzata ungherese, costringendo i magiari a ritirarsi dietro il fiume Maros dove formarono una linea difensiva le cui principali roccaforti erano le città di Torda e Aranyosegerbegy (Viişoara). Questa linea difensiva era già protetta da tre battaglioni della 25ª Divisione di fanteria magiara ed era sostenuta dal fiume Maros per gran parte del suo corso e fiancheggiata sul lato nord da colline alte 60-80 metri nella valle dello stesso fiume. Il 10, dopo lo sfondamento iniziale, le truppe corazzate magiare furono inviate in riserva per essere richiamate in combattimento solo pochi giorni dopo (13 settembre) a Torda, dove gli ungheresi avevano una forte linea difensiva. Proprio quel giorno il 5° Corpo corazzato della Guardia ripiegò dietro le truppe ungheresi in ritirata presso Alsószentmihály (Mihai Viteazu), a ovest di Torda, creando una situazione di panico per le truppe ungheresi. Da quel momento in poi, data la sua importanza strategica, la 2ª Divisione corazzata sarà utilizzata come forza mobile pronta ad essere inviata nelle aree più necessarie del fronte. Le nuove truppe corazzate sovietiche attaccarono dal fianco sinistro della città, ma grazie alle loro enormi risorse a partire dal 13-14 settembre riuscirono a estendere la loro offensiva verso la parte occidentale della città. Nel frattempo le truppe corazzate ungheresi cercarono di colmare le lacune create dai sovietici nel loro malconcio sistema difensivo, così tra il 13 e il 14 settembre il 25° Battaglione carri d'assalto riuscì con i suoi cannoni anticarro da 75 mm 40M (Pak 40) a distruggere tre carri armati sovietici e un lanciarazzi (forse un Katiusha), oltre a danneggiare almeno altri sette carri. Solo un giorno dopo gli uomini del 25° battaglione carri armati sarebbero stati coinvolti nei combattimenti nelle strade di Torda.
Il 15 settembre l'Alto Comando sovietico ordinò al maresciallo Malinovsky di avanzare sulla linea Kolozsvár (Cluj-Napoca) - Beszterce (Bistriţa) per porre fine alla resistenza tedesca e ungherese in Transilvania; e da lì di attaccare verso nord-est per collegarsi con le truppe del IV Fronte ucraino nei Carpazi.

Il 15 settembre i sovietici lanciarono il loro primo attacco alla città di Torda dopo un'intensa preparazione di artiglieria. A causa della violenza dell'attacco, il 26° reggimento di fanteria ungherese dovette ritirarsi in modo ordinato, lasciando liberi gli attaccanti nella parte orientale di Torda. Data la criticità della situazione, il 15 settembre il 3/I Battaglione, guidato dalla sua Compagnia Panther, effettuò un contrattacco di successo. In particolare, la Compagnia guidata da Taczay iniziò questo attacco nella parte orientale di Torda senza attendere l'arrivo del resto del suo battaglione e delle unità di fanteria, riuscendo in questa manovra di sorpresa a distruggere tre cannoni anticarro nemici e due compagnie di fanteria. La schiacciante superiorità del nemico permise alla Compagnia di Tarczay di essere circondata, ma grazie alla coraggiosa azione dei carri armati ungheresi riuscì ad evitare l'accerchiamento dopo aver distrutto almeno 3 carri armati e un cannone anticarro. Il 16 settembre la 2ª Divisione corazzata ungherese e la 25ª Divisione di fanteria lanciarono un contrattacco in direzione sud tra Sósfürdő e la quota 367 per eliminare la testa di ponte nemica.

Il 17 settembre il 6° battaglione motorizzato di fucilieri lanciò un attacco contro una testa di ponte nemica a est di Torda. Di propria iniziativa, la compagnia Panther di Tarczay si unì all'attacco, riuscendo a distruggere almeno due T-34. Lo stesso giorno il 25° reggimento di fanteria magiara, insieme a un gruppo di combattimento della 2ª divisione corazzata, lanciò un altro contrattacco. Ma ancora una volta l'ostinata resistenza del nemico, sostenuta in gran parte dall'enorme forza dell'artiglieria, permise di tenere a bada gli ungheresi e di conservare una striscia di terreno a est della testa di ponte di Torda.

I giorni successivi trascorsero con una certa calma, mentre entrambe le parti ricomponevano le loro truppe, interrotte solo da attacchi di artiglieria, ma senza che i sovietici perdessero il controllo della loro testa di ponte.

▲ Soldati ungheresi guardano con curiosità un carro armato Panther. Non si sa se questo veicolo appartenesse ai tedeschi o ai magiari.

Combattimenti più intensi ebbero luogo il 22 settembre, quando forze combinate sovietiche e rumene tentarono di penetrare attraverso le linee difensive magiare. Dopo un'imponente preparazione di artiglieria, alle ore 8.00 la 180ª Divisione fucilieri sostenuta dai fucilieri del 5° Corpo corazzato delle Guardie con circa 30-40 T-34 lanciò un attacco tra Sósfürdő e la valle di Szent János. Contemporaneamente la 4ª Divisione fucilieri delle Guardie attaccò con tre reggimenti a est della linea ferroviaria locale, avendo il fianco orientale coperto dalla 7ª Divisione di fanteria rumena. Di fronte a loro, l'avversario che si preparava a dare una risposta era la 2ª Divisione corazzata. Anche in questo caso la Compagnia Panther di Tarczay (all'epoca con solo due Panther in condizioni di combattere) agì da sola, lanciando un contrattacco che arrestò l'avanzata nemica, distruggendo un battaglione di fanteria e costringendolo a ritirarsi. Qui Taczay distrusse due T-34 con il suo carro armato, anche se il suo veicolo fu danneggiato e reso inutilizzabile e dovette passare a un altro Panther per continuare il combattimento.

Come considerazione, e prima di concentrarsi su ulteriori combattimenti, il 10° Battaglione d'assalto carri armati era composto dalla 1ª e 2ª batteria (con 10 Zrínyi ciascuna) e dalla 3ª batteria (con Turán).

Nel pomeriggio del 22 settembre il 1/I battaglione di fanteria, rinforzato dalla 2ª batteria del 10° battaglione d'assalto carri armati, lanciò un contrattacco di successo contro il nemico che sorprese i sovietici. Mentre i sovietici avanzavano attraverso Sósfürdő (a nord-est di Torda), i sei Zrínyi disponibili della 2ª batteria al comando del sottotenente János Bozsoki furono inviati a bloccare la strada per Sósfürdő per impedire l'avanzata del nemico. Approfittando del terreno, Bozsoki dispose i suoi sei veicoli ai lati della strada, attraverso una valle, in posizione di imboscata. A quel punto dovettero solo aspettare l'arrivo dei veicoli corazzati sovietici e, quando questi arrivarono, iniziarono a sparare contro di loro quando il

▲ Un altro carro armato Panther. Sebbene sia documentato che gli ungheresi ne abbiano fatto un uso limitato, non si conoscono foto di carri armati Panther sotto il comando magiaro.

primo di essi era a soli 50 metri di distanza. L'effetto degli Zrinyi a distanza così ravvicinata fu devastante. In un paio di minuti riuscirono a distruggere 18 T-34 sovietici per la perdita di uno Zrinji. Nello stesso impegno, Bozsoki riuscì a liberare un gruppo di soldati magiari che erano stati accerchiati dai sovietici, ma in quel momento il resto dei veicoli della sua batteria fu attaccato da forze molto superiori che li misero fuori combattimento. Bozsoki non si arrese ai suoi compagni e quella stessa notte, da solo e a piedi, si diresse verso la posizione per trovare quattro uomini dell'equipaggio feriti e due Zrínyi ancora in condizioni di combattere. Sistemò i feriti all'interno di uno degli Zrínyi e guidò il veicolo fino alle sue linee per consegnarli alle squadre mediche. Ma invece di essere soddisfatto di aver fatto il suo dovere, si mise di nuovo in marcia a piedi per cercare di riportare l'altro Zrinyi operativo nelle sue linee, cosa che riuscì a fare senza che i sovietici intervenissero. Dopo queste battaglie, Bozsoki, che comandava lo Zrínyi della 2ª batteria del 10° battaglione carri, fu insignito della medaglia d'oro al valore per il suo comportamento coraggioso, che impedì ai sovietici di chiudere l'assedio alla città di Torda quel giorno, scacciando i sovietici dalla città di Sósfürdő. Tuttavia, i magiari sapevano che era solo questione di tempo prima che la città cadesse in mano al nemico.

Il 23 settembre a Vaskapu e Sósfar, a est-nord-est di Torda, arrivò la 23ª Divisione Panzer tedesca con due reggimenti di panzer granatieri e circa 65 carri armati. Grazie a questa apparizione, il settore riuscì a mantenere un certo grado di stabilità, consentendo alle truppe dell'Asse coinvolte nei combattimenti intorno a Torda di ritirarsi.

Il 24 settembre solo 2 Panther, 6 Pz IV H e 9 Turán del 3° reggimento carri armati rimasero in condizioni di combattimento e furono inviati nella riserva a Nagy-Ördöngös. Il 25 settembre, il numero di veicoli corazzati nella riserva fu aumentato ricevendo 3 Panther e 3 Tiger dopo le riparazioni, che furono reintegrati nelle loro compagnie d'origine.

Il 6° battaglione motorizzato di fucilieri e il 2° battaglione motorizzato di genieri, supportati da 9 Turan e 2 Panther (l'unica compagnia di Panther rimasta in servizio), condussero un contrattacco contro i russi nella valle di Péterlakas il 26 settembre.

Il 4 ottobre si ripeterono nuovi attacchi sovietici da ovest, facendo sì che la linea del fronte si spostasse a est della strada Torda - Kolozsvár. A est di Torda i carri armati sovietici avanzarono in modo tale che la sera dello stesso giorno avevano quasi completato l'accerchiamento di Torda. Quel "quasi" è dovuto al fatto che il generale Veress riuscì a mantenere uno stretto corridoio al margine meridionale della città attraverso il quale poté ritirare le sue truppe, lasciando la città di Torda definitivamente abbandonata.

La situazione divenne disperata e le truppe di stanza in Transilvania dovettero essere ritirate a partire dall'8 ottobre. Nella stessa data, il colonnello generale Veress ordinò di abbandonare senza combattere la capitale storica della Transilvania, Kolozsvár (Cluj), per evitare che fosse distrutta nei combattimenti. Questa ritirata fu sfruttata dai rumeni per catturare Apahira (a est di Kolozsvár), dove si scontrarono violentemente con l'esercito ungherese l'11 ottobre. La battaglia di Torda era stata un grande massacro per le truppe corazzate tra veicoli distrutti e catturati. Per quanto riguarda questi ultimi, i rumeni presero diversi Toldi, Turán, due Hetzer e almeno uno Zrínyi.

L'8 ottobre Hitler fu costretto a permettere alle truppe ungheresi e tedesche sul fiume Maros di ritirarsi, per poi prendere posizione dietro la linea Nagyvárad (Oradea Mare) - Szeged

▲ Il magnifico cannone semovente antiaereo Nimród, di fabbricazione ungherese, era uno dei veicoli più apprezzati dall'esercito ungherese per la sua versatilità.

(Segedin). Ma la difesa che le truppe dell'Asse riuscirono a mettere in atto era così debole che il 10 i sovietici avevano già raggiunto Szeged, senza catturarla immediatamente a causa dei colloqui di pace in corso a Mosca tra i rappresentanti ungheresi e sovietici.

Tra il 15 settembre e il 5 ottobre 1944, nella zona di Torda, la Compagnia Panther distrusse 11 carri armati, 17 cannoni anticarro, 20 mitragliatrici, un lanciarazzi e una moltitudine di truppe di fanteria. La battaglia di Torda fu probabilmente il più grande successo operativo delle truppe magiare, poiché l'obiettivo finale dei sovietici e dei loro alleati rumeni era quello di accerchiare il maggior numero possibile di truppe dell'Asse nel tentativo di annientare il Gruppo d'Armate Sud. La battaglia per la città di Torda permise di ritardare questo tentativo e quindi di impedirlo in larga misura.

I combattimenti continuarono senza sosta in territorio magiaro e il 25 ottobre Tarczay combatteva nei pressi di Tiszapolgár, mentre le truppe magiare erano in continua ritirata. Lì catturò tre cannoni anticarro e distrusse due T-34 in un'imboscata, grazie all'alto grado di efficienza che Tarczay e i suoi uomini avevano raggiunto nel maneggiare il formidabile Panther. Inoltre, tra il 6 e il 25 ottobre, la sua Compagnia ha distrutto altri cinque carri armati. Il 30 ottobre, a sud di Tizsapolgár, lo Stato Maggiore ungherese e gli uomini di Tarczay furono circondati dall'avanguardia nemica. Sul campo di battaglia regnava la confusione, ma Tarczay dimostrò ancora una volta la sua abilità nel combattimento, nonostante il suo veicolo fosse finito in un campo minato e in balia del fuoco anticarro nemico da una distanza di non più di 25 metri. In pochi secondi, Tarczay ordinò al suo autista di guidare il Panther contro l'anticarro e lo speronò, eliminando l'intera batteria nemica.

LE BATTAGLIE PER L'UNGHERIA MERIDIONALE: ARAD, TISZA, SZENTES

Dopo la defezione rumena, il IV Corpo ungherese fu organizzato per bloccare l'avanzata delle forze sovietiche e rumene nelle pianure dell'Ungheria meridionale ad Arad e Lippa. Il IV Corpo fu unito al VII Corpo e ridisegnato come III Armata, comandata dal tenente generale Heszlényi.

Una delle unità costitutive del IV Corpo era la 1ª Divisione corazzata, su cui si basava gran parte del potenziale del IV Corpo. Le truppe della III Armata furono schierate nell'area di Makóp-Nagyvárad il 17 settembre 1944. La 1ª Divisione corazzata non era ancora al massimo della sua capacità teorica di veicoli corazzati, poiché parte del suo armamento doveva essere ceduto alla 2ª Divisione corazzata per completare l'unità. La 1ª Divisione corazzata fu nuovamente mobilitata nell'agosto 1944, composta dal 1° Reggimento carri, che a sua volta aveva i battaglioni 1/I e 1/III, dal 1° Reggimento fucilieri motorizzati, da un battaglione di ricognizione e da altre unità minori. Erano inoltre supportati da un lanciarazzi e da due battaglioni di artiglieria. Il battaglione di ricognizione aveva una compagnia corazzata, una compagnia di motociclisti e una compagnia motorizzata. L'unità fu costituita nell'agosto 1944 in vista dell'imminente necessità di impiego al fronte.

▲ Un Nimród che partecipa a un'esercitazione di fuoco antiaereo, anche se presto dimostrerà il suo valore come arma anti-carro

▲ Immagine di qualità non eccelsa ma di grande valore di uno StuG III del 7° battaglione carri in azione.

▼ Uno StuG III ungherese catturato, con numeri di identificazione sovietici dipinti.

Nell'autunno del 1944 il 1° reggimento carri non aveva ancora i suoi carri armati. Il 1° Battaglione cannoni d'assalto e i nascenti 2°-8° Battaglioni carri d'assalto consegnarono 24 Turan 75 al 1° Reggimento carri. Anche il 1° Reggimento Fucilieri Motorizzati non disponeva di veicoli, ad eccezione di alcuni cannoni Botond 38M, per cui fu necessario l'uso di autobus civili per il trasporto delle truppe.

Il 2 settembre la 1ª Divisione aveva un battaglione carri (il 1/III) con 5 Toldis nella compagnia comando, tre compagnie di carri medi (con 7 Turan, 5 Toldi e 3 Nimrod per compagnia); il 1° Reggimento Fucilieri Motorizzati aveva 9 Nimrod, mentre il 51° Battaglione di Artiglieria Contraerea Semovente aveva due Toldi comando, 18 Nimrod e 3 Toldis.

La 1ª Divisione corazzata aveva un totale di circa 60-70 veicoli corazzati nel settembre 1944. A causa delle pressioni dei tedeschi, le truppe ungheresi attaccarono il 13 settembre, avanzando dal fianco destro del fronte dalla regione di Makó e Gyula in direzione di Arad, ma due divisioni di fanteria e una di cavalleria rumene erano in attesa dell'avanzata. L'obiettivo, come già detto, era quello di catturare la città di Arad e avanzare attraverso la valle del Maros verso la valle dello Zsil con l'intenzione di contattare la 2ª Armata ungherese, con il 4° e il 7° Corpo ungherese incaricati di realizzarlo. Il comandante in capo della 3ª Armata chiese alla 1ª Divisione corazzata di sostenere la fanteria in questo attacco. In un primo momento riuscirono ad avanzare a spese della cavalleria rumena, con i turchi che distrussero grandi formazioni di cavalleria nemica sulla strada Macsa-Kürtös e occuparono la città di Arad all'imbrunire del 13 settembre con tutti i suoi ponti intatti (i rumeni non cercarono di difendere la città a tutti i costi, preferendo invece ritirarsi nelle loro linee difensive sul fiume Maros). In questa occasione i rumeni non poterono ottenere il massimo aiuto da parte dei sovietici fin dall'inizio, perché il loro sforzo offensivo richiese la maggior parte delle loro truppe in Bulgaria. La cattura di Arad può essere considerata l'ultima operazione completamente indipendente dei magiari durante la Seconda Guerra Mondiale.

I veicoli del 1° Battaglione di ricognizione raggiunsero la valle del Maros il giorno successivo, dove incontrarono una linea difensiva rumena. Tra il 14 e il 17 settembre la 1ª Divisione corazzata combatté contro la 19ª Divisione di fanteria rumena, riuscendo a sfondare la linea entro il 16 settembre, per poi essere trattenuta 24 ore dopo da unità corazzate sovietiche appoggiate dai rumeni. Il 18 settembre, tuttavia, i magiari riuscirono a raggiungere le pendici dei Carpazi, ma vennero fermati dall'ostinata resistenza delle truppe rumene e sovietiche. Un contrattacco di un corpo corazzato e della 53ª Armata sovietica costrinse i magiari a ritirarsi verso la linea Dombegyháza-Battonya. In questi scontri, 23 veicoli Turán e Toldi andarono persi a causa del fuoco nemico.

La seconda metà di settembre vide un aumento dei bombardamenti sul Paese da parte di sovietici, britannici e americani, che danneggiarono gravemente le infrastrutture, le strade, ecc. Il 20 settembre un attacco congiunto sovietico-rumeno sostenuto da 40-50 carri armati spezzò la linea difensiva ungherese e la 1ª Divisione corazzata dovette rientrare dalla riserva per sostenere i suoi fanti. Nella zona di Lippa e Máriaradna la 1ª Divisione corazzata sostenne una controffensiva ungherese con l'appoggio del 7° Battaglione cannoni d'assalto che fornì 18 StuG III; furono anche sostenuti dall'aria da un gruppo di Stukas tedeschi. Insieme riuscirono a distruggere, in quella che è diventata nota come la "battaglia dei carri armati di Pénzespuszta", circa 100 veicoli corazzati sovietici, tra cui almeno 28 T-34. Da parte ungherese, diversi Toldi e Turán andarono persi sotto il fuoco nemico. Questo piccolo successo ungherese riuscì solo a rallentare l'avanzata sovietica, non a fermarla, ma almeno permise alle unità della III Armata di ritirarsi su nuove posizioni difensive.

Così il 22 Arad fu riconquistata dai sovietici-romeni, solo tre giorni dopo che anche la città di Temesvár (Timisoara) era stata presa un po' più a sud, ponendo fine all'offensiva sovietica nella Transilvania occidentale il 25 ottobre 1944.

La struttura difensiva nell'Ungheria meridionale spettava al Gruppo d'armate Sud, al comando del generale Johannes Friessner. Questo comprendeva la 2ª Armata ungherese (comandata dal generale Jeno Major), che includeva la 2ª Divisione corazzata ungherese, la 3ª Armata ungherese (comandata dal generale József Heszlény), che includeva la 1ª Divisione corazzata ungherese, e la 6ª Armata tedesca (comandata dal generale Maximiliam Fretter-Pico). Le truppe difensive contavano circa 80.000 uomini (50.000 magiari e 30.000 tedeschi), 300 veicoli corazzati, 3.500 cannoni e circa 500 aerei. La 6ª Armata tedesca comprendeva unità che, sebbene diminuite nel loro potenziale, sarebbero state comunque un avversario molto duro da affrontare per i sovietici, come la 1ª, la 13ª e la 23ª Divisione Panzer, la Divisione Panzer-Granatieri "Felherrnhalle" e i carri armati del 503° Battaglione corazzato pesante.

Contro di loro, i sovietici e i rumeni del 2° Fronte ucraino schierarono circa 260000 uomini (200000 sovietici e 60000 rumeni), 825 veicoli corazzati, oltre 10.000 cannoni e circa 1000 aerei. Facevano parte di 10 armate (8 sovietiche e 2 rumene): VII Armata della Guardia, VI Armata corazzata della Guardia, XVII, XL e LIII Armata, i Gruppi di cavalleria meccanizzata "Pliyev" e "Gorshkov", truppe di riserva, nonché la I e la IV Armata rumena.

Nel periodo 20-22 settembre, la 3ª Armata fu riorganizzata, con l'assegnazione di truppe tedesche della 4ª Divisione Panzer-Granatieri SS e della 22ª Divisione di Cavalleria SS "Maria Teresa". Tra il 20 e il 22 settembre, i sovietici persero circa 70 veicoli blindati nei combattimenti contro la fanteria magiara (8ª e 20ª Divisione) e i carri armati. Il 22 settembre i sovietici avevano davanti agli occhi la vasta pianura ungherese.

Il 25 settembre la 2ª batteria del 7° battaglione cannoni d'assalto, comandata dal 1° tenente Köszeghy e supportata dalla fanteria, prese Csanádpalota. Gli StuG III distrussero 4 T-34, 4 cannoni anticarro e 13 camion. Nonostante questo successo iniziale, agli ungheresi fu ordinato di ritirarsi la sera del 26 settembre. Durante questa ritirata subirono un'imboscata da parte dei T-34 sovietici del 18° Corpo carri e dei Su-85 del 1438° Reggimento di artiglieria con cannoni semoventi. In questi scontri, il veicolo del 1° tenente Köszeghy fu danneggiato. Con il suo famoso veicolo con il numero 700 in nero (proprio del comandante del 7° Battaglione) continuò a combattere con grande coraggio e in netta inferiorità numerica, riuscendo a distruggere diversi T-34 prima che venissero colpiti e distrutti dal fuoco nemico. La perdita del comandante demoralizzò il resto dei suoi uomini, lasciando diversi StuG III intatti abbandonati sul campo di battaglia. Tre di questi cannoni d'assalto furono poi recuperati in una manovra di salvataggio ungherese. Il risultato finale dell'imboscata fu la perdita di 9 StuG III e di 12 T-34.

Alle 04:00 del 6 ottobre il 2° Fronte ucraino iniziò una grande offensiva in Ungheria, partendo dalla città di Arad e sostenuta da un enorme numero di truppe e veicoli corazzati da distribuire tra i fiumi Danubio e Tibisco. Le unità costituenti il 2° Fronte ucraino erano tre corpi d'armata meccanizzati, tre corpi di cavalleria e diciassette divisioni di fucilieri. Il maresciallo Malinovsky aveva pianificato di rompere le difese magiare in quel settore (la 3ª Armata magiara), per cui ordinò alla 6ª Armata corazzata della Guardia e al Gruppo di cavalleria meccanizzata del generale Pliev (composto da un corpo di cavalleria, uno corazzato e uno meccanizzato) di entrare in azione. L'intenzione era quella di inviare le sue forze, una volta rotto il fronte, in direzione nord, per intascare le truppe tedesco-ungheresi che ancora difendevano la Transilvania settentrionale. L'avanzata fu fulminea e incontrò poca opposizione, consentendo di penetrare per circa 60 chilometri dietro le linee nemiche il primo giorno. Ma un giorno dopo la 1ª e la 23ª Divisione Panzer, sostenute da truppe di fanteria tedesche, riuscirono a fermare l'avanzata sovietica a circa 10 chilometri dietro la città di Oradea, sempre nell'attuale territorio rumeno.

Un altro "ospite" nelle battaglie sopra citate fu la 1ª Divisione di cavalleria, che dopo il suo ritorno dalla Germania nell'ottobre-novembre 1944 e la successiva riorganizzazione fu impiegata nella difesa della madrepatria. Sebbene sia vero che le unità che la componevano dovettero essere disperse nella rete difensiva magiara, alcune di esse svolsero un ruolo importante nei combattimenti di Szentes. In particolare, il 2° reggimento ussari del 7 ottobre 1944 fu inviato alla testa di ponte di Szentes per difendere la ritirata delle truppe ungheresi. Lì i Pak 40 da 75 mm della 2ª Compagnia anticarro ottennero diverse vittorie sui mezzi corazzati nemici. Anche durante i combattimenti alla testa di ponte di Szentes, nell'ottobre 1944, la maggior parte del 7° Battaglione cannoni d'assalto fu distrutta. I resti del battaglione fuggirono in direzione di Budapest, dove furono integrati nel Gruppo "Billnitzer". Il Battaglione distrusse almeno 67 carri armati e 14 veicoli di vario tipo durante gli scontri con i sovietici nella zona del fiume Tibisco (con la perdita di 8 StuG III distrutti, 10 gravemente danneggiati e 12 leggermente danneggiati). L'8 ottobre, non avendo ancora sospeso l'attacco a causa delle trattative di armistizio in corso con l'Ungheria, le truppe sovietiche raggiunsero il fiume Tibisco.

Un altro battaglione di carri armati che prese parte ai combattimenti nella zona di Szentes fu il 13°, anche se fu in grado di farlo solo con i due Turán 75 che aveva a disposizione per l'addestramento delle sue truppe. Il resto del battaglione dovette combattere a piedi. Come gli uomini del 10° battaglione d'assalto carri armati, anche quelli del 13° battaglione d'assalto carri armati, durante la ritirata, trovarono il loro corpo esaurito a Budapest, dove si unirono al Gruppo "Billnitzer" come truppe principalmente di fanteria.

Nonostante la resistenza tedesca, l'8 ottobre le truppe sovietiche attraversarono il confine naturale ungherese nel settore di Szegez. I tentativi della 23ª Divisione Panzer di fermare nuovamente i sovietici non ebbero successo e furono costretti a ritirarsi insieme ad altre truppe tedesche e ungheresi lungo la strada tra Szlonok e Debrecen.

Ulteriori tentativi di trattenere i sovietici ebbero luogo il 9, con la 1ª e la 13ª Divisione Panzer che cercarono di avvolgere le avanzate dell'Armata Rossa nel tentativo di annientarle. Nonostante questo tentativo, il 10 vide l'avanzata sovietica nelle terre magiare, l'attraversamento del Tibisco e infine la cattura del villaggio di Kecsment, a circa 70 chilometri da Budapest. Solo le azioni degli uomini della 22ª Divisione di cavalleria SS "Maria Teresa" riuscirono ancora una volta a fermare lo slancio sovietico.

L'11 ottobre iniziò una controffensiva delle truppe dell'Asse guidata dalle unità corazzate della 1ª Divisione corazzata e della 23ª Divisione ungherese, che permise di travolgere l'avanguardia sovietica a Mindszent, rappresentata dalla 243ª Divisione fucilieri sovietica (impedendo così la formazione di una testa di ponte dietro il fiume Tisza a Mindszent). L'avanzata magiara permise alla 4ª Divisione di fanteria rumena di essere quasi completamente distrutta il 20 ottobre nei pressi di Szlonok (era la terza volta che ciò accadeva a questa unità durante la Seconda Guerra Mondiale). Truppe tedesche della 24ª Divisione Panzer, della 4ª Divisione Panzer-Granatieri SS e un battaglione di carri armati Tiger parteciparono ai combattimenti.

La spinta ungherese fu fermata il 22 ottobre dalle forze meccanizzate sovietiche, che in un contrattacco a nord del fiume Tibisco riuscirono a respingere i magiari, lasciando loro la strada libera verso Debrecen e Nyíregyháza.

Ancora una volta la 1ª Divisione di cavalleria ungherese, insieme alla 20ª Divisione di fanteria ungherese, lanciò un attacco sulla riva occidentale del fiume Tibisco il 25 ottobre. In questi scontri riuscirono prima a contenere e poi a sconfiggere la 2ª Divisione di fanteria rumena. Tra il 26 e il 29 la 3ª e l'8ª Divisione di fanteria ungherese, appoggiate da elementi della 1ª Divisione corazzata, tentarono senza successo di eliminare la testa di ponte di Alpar. Queste battaglie avevano ancora una volta prosciugato le truppe ungheresi, tanto che, nel tentativo di riorganizzarle, il 29 ottobre 1944 i resti della 1ª Divisione corazzata ungherese (con circa 20 veicoli corazzati in condizioni di combattimento al 31 ottobre) furono posti sotto il comando del III Corpo Panzer tedesco a Kecskemét. A riprova delle difficoltà della situazione ungherese, nel novembre 1944 solo 10 StuG del 7° Battaglione cannoni d'assalto erano in riserva presso la 3ª Armata ungherese.

▲ Lo StuG III distrutto del tenente Barnabas Koszeghy, asso ungherese dei carri d'assalto. La numerazione lo identifica come veicolo comando del 7° Battaglione carri d'assalto.

DEBRECEN, LA PORTA DI BUDAPEST

Contemporaneamente a questi eventi al fronte, all'interno dell'Ungheria si stavano verificando movimenti politici che avrebbero determinato il futuro dell'Ungheria per il resto del conflitto mondiale. Il reggente Horthy vedeva la situazione al fronte come una completa sconfitta per l'Ungheria e cercava una soluzione politica. Tra la fine di agosto e l'inizio di settembre si diffusero voci di negoziati di pace, confermate il 15 ottobre da un tentativo di armistizio con l'Unione Sovietica e di rottura con la Germania; ma l'esercito ungherese non poteva permettersi di trascurare la lotta contro le orde sovietiche che si avvicinavano da est, quindi ignorò completamente qualsiasi tentativo di armistizio. I tedeschi, dal canto loro, erano al corrente delle mosse di Horthy e della sua successiva dichiarazione e la loro reazione fu immediata, aiutati dai sostenitori del partito nazionalsocialista ungherese "Croce Frecciata", che si opponevano fermamente a tale armistizio. Questa reazione si concretizzò immediatamente nella cosiddetta operazione "Panzerfaust".

Gli eventi di questa operazione si svolsero come segue. Il 15 ottobre, un commando di SS guidato da Otto Skorzeny fu inviato a Budapest e contemporaneamente rapì Nicholas Horthy (il figlio del reggente). Nell'eventualità che l'armistizio si realizzasse e mettesse gli ungheresi contro i tedeschi (come era accaduto in Bulgaria e in Romania), gli uomini di Skorzeny, appoggiati da quattro carri armati Königstiger e da altre truppe tedesche, si diressero verso il castello di Buda (sede del potere ungherese) per espugnarlo. Alcune delle truppe magiare che proteggevano il castello scambiarono il fuoco finché non si arresero ai tedeschi. Dopo questi eventi a Budapest e con il rapimento del figlio, Horthy ritrattò il suo tentativo di armistizio, accettando le dimissioni da reggente e la successiva incarcerazione. Dopo la destituzione di Horthy, al suo posto si insediò il conte filotedesco Ferenc Szálasi, leader del partito "Croce Frecciata". Il tentativo di armistizio di Horthy aveva rallentato l'avanzata sovietica, ma dopo il suo fallimento e la presa di potere filo-tedesca in Ungheria, l'avanzata sovietica continuò ancora più aggressiva.

È interessante notare che il giorno successivo alla proclamazione di Horthy, il generale Béla Miklós e il suo capo di stato maggiore, il colonnello Kálmán Kéri, passarono al nemico. Insieme a loro, e su ordine di Miklós, circa 20.000 soldati magiari passarono ai sovietici del Quarto Fronte Ucraino. Miklós si sarebbe poi unito al governo ungherese in esilio e alcuni di questi soldati avrebbero preso parte alle operazioni per la conquista di Budapest da parte dei sovietici.

La situazione della popolazione deve essere intesa come molto complicata, poiché sempre più persone si rendevano conto dell'inutilità di continuare la guerra. Ma per i soldati dell'esercito ungherese il dilemma era ancora più grave, perché per la maggior parte di loro né il fascismo né il comunismo erano alternative valide. Erano stati coinvolti nel vortice della Seconda guerra mondiale e non avevano altra scelta che combattere per la loro patria.

Nel frattempo, la battaglia per Debrecen si svolse in prima linea tra il 6 e il 29 ottobre. Qui i tedeschi, appoggiati dagli ungheresi, tentarono per l'ennesima volta di fermare i sovietici del 2° Fronte Ucraino di Malinovsky e i loro alleati rumeni, questa volta cercando di annientare le difese orientali dell'Ungheria. Un gruppo di cavalleria sovietica riuscì a penetrare le difese ungheresi e a penetrare in profondità, riuscendo a tagliare il traffico tra Szolnok e Debrecen, per poi raggiungere Debrecen.

▲ Manifesto di propaganda del 1944 di Szálasi e del suo partito della Croce Frecciata.

Ma lì si imbatté in una potente forza tedesca che si stava concentrando per partecipare alla controffensiva denominata Operazione "Zigeunerbaron" ("Zigeunerbaron" in tedesco), che avrebbe dovuto scacciare i sovietici dai Carpazi meridionali conquistando i passi montani e che sarebbe iniziata il 12 ottobre (come possiamo vedere, i sovietici hanno inconsapevolmente battuto i tedeschi in questa azione).

Il 16° battaglione d'assalto carri armati era una delle unità corazzate che avrebbero preso parte alla lotta per la difesa di Debrecen a fianco delle truppe tedesche. Questa unità, nonostante dovesse teoricamente essere composta da un qualche tipo di carro armato d'assalto, dovette essere equipaggiata con i Turan 75 che aveva utilizzato durante il periodo di addestramento a causa della carenza di risorse. Dieci Turan 75 e due Turan 40 erano arrivati dalle eccedenze del 1° Battaglione carri armati dopo che questo era stato equipaggiato con lo Zrinyi.

I carri armati del 16° battaglione d'assalto si trovarono il 10 ottobre a difendere gli accessi alla città di Debrecen contro i T-34 e le truppe di cavalleria e fanteria sovietiche. Nonostante la loro evidente inferiorità rispetto ai mezzi corazzati nemici, i Turan riuscirono a contenere l'assalto della cavalleria. Ma dietro di loro, 14 T-34 avanzarono contro i magiari che, ben piantati a terra, riuscirono a distruggere un veicolo corazzato nemico e a mantenere le posizioni in cambio della perdita di tre Turan 75. Ma l'immensa superiorità sovietica fu nuovamente dimostrata quando, poche ore dopo, 45 T-34 attaccarono in massa i magiari, costringendo i carri armati del 16° Battaglione carri a ritirarsi su posizioni difensive migliori. L'11 ottobre le truppe di cavalleria sovietiche raggiunsero la periferia di Debrecen. In risposta a questo pericolo imminente, fu immediatamente sferrato un contrattacco da parte delle truppe tedesche di fanteria e carri armati della 23ª Divisione Panzer, oltre che dagli onnipresenti carri armati del 16° Battaglione d'assalto carri. Questo rapido intervento permise di cacciare la cavalleria nemica dalla città e di ristabilire la linea difensiva nella parte meridionale di Debrecen.

La crescente pressione sovietica portò a continui scontri tra le truppe di entrambe le parti. Così, il 13 ottobre, alcuni dei carri armati superstiti del 16° battaglione d'assalto, che erano posizionati a difesa dell'area ferroviaria lungo la strada di Szolnok, furono nuovamente attaccati dalla cavalleria sovietica. Supportati da un'unità di ingegneri tedeschi, riuscirono nuovamente a respingere l'attacco con pesanti perdite sovietiche. Anche alcuni altri carri armati del 16° Battaglione carri d'assalto che erano stati posizionati nella regione occidentale del perimetro difensivo di Debrecen riuscirono a reagire. Un altro attacco sovietico fu respinto dai carri armati ungheresi, questa volta supportati da cannoni antiaerei magiari e tedeschi utilizzati come artiglieria contraerea.

Il giorno successivo, 14 ottobre, i Turán 75 appartenenti alla 1ª e alla 2ª batteria del 16° Battaglione carri d'assalto si mossero verso Gyula per far fronte a un altro attacco della cavalleria sovietica, che sbaragliarono con una certa facilità.

Se è vero che la guerra di logoramento in corso stava causando un alto numero di vittime tra gli attaccanti, è anche vero che i difensori difficilmente avrebbero potuto recuperare le perdite subite, mentre l'arsenale sovietico di uomini e mezzi sembrava inesauribile. Di conseguenza, nonostante i numerosi successi nella difesa di Debrecen, il 19 ottobre al 16° Battaglione carri fu ordinato di ritirarsi in direzione di Polgár (lungo il fiume Tibisco), avendo perso non meno di 600 uomini e gran parte del suo equipaggiamento corazzato.

Inizialmente, il Gruppo Pliev non partecipò alla cattura di Debrecen perché fu inviato in direzione di Oradea (Nagyvárad per gli ungheresi) per sorprendere i difensori tedesco-ungheresi che ancora tenevano a bada la 6ª Armata corazzata della Guardia dalle retrovie. Questa manovra si rivelò decisiva, poiché i difensori furono presi nel fuoco incrociato e poterono ritirarsi solo dalla città di Debrecen. Dopo la ritirata dei magiari, tra il 19 e il 20, tre divisioni rumene presero finalmente il potere a Debrecen dopo un assalto congiunto. La battaglia di Debrecen si era conclusa con una vittoria tattica dei sovietici e dei rumeni, che avevano anche subito un numero enorme di perdite umane e materiali, ma la pressione sovietica sulle martoriate truppe dell'Asse era tutt'altro che finita, poiché la loro avanzata continuava. Durante la battaglia per Debrecen, fino al 20 ottobre, centinaia di carri armati e veicoli d'assalto corazzati combatterono tra le due parti. L'intensità dei combattimenti portò all'esaurimento delle truppe in difesa, riluttanti a farsi accerchiare dai sovietici. Sia i tedeschi che gli ungheresi si ritirarono senza indugio dietro la protezione del fiume Tibisco nel tentativo di evitare l'accerchiamento. Di fronte a questo movimento, il Gruppo Pliev lanciò un attacco su Nyíregyháza, dove prese il controllo dei vari punti di attraversamento del fiume. Nyíregyháza fu testimone di una delle più feroci battaglie di quei giorni, finché non fu definitivamente conquistata dai sovietici tra il 21 e il 30 ottobre 1944. Dopo aver conquistato Nyíregyháza il 21 ottobre, i sovietici furono circondati dalle truppe tedesco-ungheresi in ritirata da Debrecen e dalla Transilvania settentrionale, che furono decimate finché non riuscirono a rompere l'assedio. La città cadde definitivamente sotto i sovietici il 30 ottobre. Durante la battaglia per Debrecen e tutti i combattimenti nella zona, l'azione risoluta e coraggiosa delle truppe tedesche e ungheresi causò pesanti perdite tra gli attaccanti (stimate in oltre 110.000 uomini, 500 veicoli corazzati e circa 1.500 pezzi di artiglieria). Da parte loro, i difensori subirono almeno 20.000 perdite, oltre a innumerevoli altri mezzi militari. Dopo aver vinto la battaglia di Debrecen, le truppe sovietiche e i loro alleati rumeni procedettero a eliminare tutte le formazioni tedesche e magiare ancora attive nel nord della Transilvania. L'obiettivo era quello di raggiungere il fiume Tibisco e, da lì, ottenere l'accesso alla pianura ungherese così adatta al movimento delle loro truppe corazzate. Sebbene i sovietici riuscissero a far conquistare alle truppe di Malinovsky l'intera regione (Tiszántúl), il Maresciallo non poteva essere soddisfatto di aver permesso a più di 150.000 truppe tedesche e ungheresi di ritirarsi e di raggiungere le linee difensive oltre il fiume Tisza. Purtroppo per i tedeschi e i magiari, la linea difensiva lungo il Tibisco non era completamente fortificata. Pertanto, era solo questione di tempo prima che il 2° Fronte ucraino, nonostante le pesanti perdite subite nei combattimenti nella zona di Nagyvárad-Debrecen-Nyíregyháza, decidesse di continuare la marcia verso Budapest, come in effetti fece.
Tra il 23 e il 24 ottobre, un contrattacco tedesco sulla città di Nagykálló arrestò temporaneamente l'avanzata sovietica.
I sovietici stavano avanzando da tutte le direzioni sul territorio in diminuzione del Reich e del suo alleato ungherese. Così, contemporaneamente agli eventi sopra citati, nella seconda metà di ottobre, il 1° Fronte ucraino e il 4° Fronte ucraino furono coinvolti nell'attacco alla regione della Rutenia e alla Slovacchia. Verso la fine di ottobre, in coincidenza con la conquista di Mukachevo il 26 e di Uzhorod il 27, la Rutenia fu definitivamente conquistata dall'Armata Rossa.

▲ Il semicingolato Sdfkz 8, di fabbricazione tedesca, ha dato un grande contributo all'Ungheria come trattore per l'artiglieria pesante. Qui ne è raffigurato uno in azione a Kerepes.

▼ Uno dei pochi semicingolati Sd.Kfz.251/8 in versione sanitaria a disposizione dell'esercito ungherese.

Nonostante il leggero rallentamento causato alle avanguardie sovietiche dalla battaglia di Nagykálló, il 29 ottobre l'Armata Rossa iniziò finalmente l'offensiva contro Budapest (su ordine diretto di Stalin, che aveva fretta di prendere la capitale magiara), con oltre 100.000 uomini in due gruppi d'attacco che convergevano sulla capitale ungherese per isolarla dalle forze tedesche e ungheresi ancora presenti nel Paese.

Nel frattempo, durante la seconda metà del novembre 1944, continuarono ad arrivare a piccoli passi rinforzi sotto forma di uomini e veicoli per la 2ª Divisione corazzata, che furono consegnati nei pressi di Párkány (Sturovo, Slovacchia). Il 3° Reggimento carri entrò in possesso di 9 Pz IV H e due Toldi, e anche gli equipaggi dei Turán furono preparati per la loro imminente conversione nei più potenti Pz IV.

Elementi del gruppo di battaglia ungherese Horváth, guidato dal tenente colonnello Horváth, combatterono a Perbál con due Turán, un Toldi e quattro Nímrod. Questo stesso gruppo con 11 carri armati, insieme ai resti del 7° Battaglione d'assalto carri armati e con il supporto del 2° Reggimento Ussari, effettuò un contrattacco il 7 dicembre a Baracska-Petend (il giorno successivo fu il 10° Battaglione d'assalto carri armati a entrare in battaglia, anche se di questo si parlerà nel capitolo sull'assedio di Budapest). Nei pesanti combattimenti tra il 28 ottobre e il 9 dicembre, entrambe le parti erano materialmente esauste.

Il 10 dicembre il Gruppo Horváth aveva solo due 40M Turán. I resti del 7° battaglione carri armati combatterono l'11 settembre a Gárdony-Kisvelence.

▲ Soldati ungheresi circondano un T-34/75 sovietico catturato. Pochi hanno potuto essere messi in servizio contro i loro proprietari originari.

Da parte sua, la 2ª Divisione corazzata si impegnò in diversi scontri, nell'ambito del tentativo di evitare l'accerchiamento di Budapest, nei pressi di Ipolyság (appoggiata da un reggimento della famigerata SS Sturmbrigade Dirlewanger), che cadde definitivamente il 14 dicembre 1944 e proseguì tra il 9 e il 19 dicembre con ulteriori combattimenti a Lovasbéreny. All'inizio di dicembre la divisione era quasi decimata, con circa 119 veicoli corazzati, ma solo 17 idonei al servizio al fronte: 26 40M Nímrod, 8 39M Csaba, 35 40M Turán 40, 8 41M Turán 75, 16 38M Toldi, 1 Pz III, 20 Pz IV H, 4 Panther e 1 StuG III. Alla fine del mese, però, più di 100 di questi veicoli erano stati completamente ritirati dal servizio (infatti, al 21 dicembre, nella 2ª Divisione corazzata rimanevano in condizioni di combattimento solo 2 Panther e 2 PZ IV H IV di origine tedesca).

Il 25 dicembre, la 170ª Brigata corazzata sovietica fu momentaneamente fermata nella sua avanzata a sud-est di Dorog dai cannoni antiaerei tedeschi supportati da alcuni carri armati d'assalto ungheresi, che provocarono la distruzione di 4 T-34. Più tardi, nel pomeriggio, Dorog cadde definitivamente nelle mani dei sovietici.

Il 26 dicembre 1944 iniziò l'offensiva russa con la cattura di Dunahararezti-Soroksar, seguita da scontri a Vecses, Rakoszaba e al Ponte Horthy.

Oltre ai combattimenti veri e propri, il conflitto si estese alla sfera politica: il 28 dicembre 1944 i sovietici promossero un tentativo fallito di legittimare un nuovo governo ungherese guidato da Béla Miklós nel territorio magiaro controllato dall'Armata Rossa contro il governo Szálasy.

▲ Un Hetzer catturato dai sovietici che vi hanno apposto i loro segni di riconoscimento.

L'ASSEDIO DI BUDAPEST

Come già detto, l'offensiva contro la capitale ungherese iniziò il 29 ottobre e il 7 novembre i sovietici avevano raggiunto i sobborghi della capitale ungherese a circa 20 chilometri di distanza.

Il 3° Fronte ucraino, dopo aver completato le operazioni in Jugoslavia, si spostò a nord con l'Ungheria nel mirino. Tra il 7 e il 9 novembre attraversò il Danubio a Batina e Apatin e stabilì una testa di ponte attraverso il fiume. Una volta rafforzate le teste di ponte, lanciarono un'offensiva contro il territorio magiaro. Di fronte a un attacco così potente, ungheresi e tedeschi decisero di ritirarsi per rafforzare le loro posizioni sulla linea "Margit". Questa linea difensiva era la più preparata e fortificata dell'Ungheria e correva lungo il Danubio - Budapest - Erd - Lago di Velence - Lago Balaton - Nagybajom. La linea "Margit" era tenuta a nord dalla 2ª Armata ungherese e dall'8ª Armata tedesca, mentre tra Érd e il lago Balaton erano fortificate la 3ª Armata ungherese e la 6ª Armata tedesca. La situazione disperata fu sfruttata anche per disattivare la 2ª Armata ungherese il 13 novembre, inviando i suoi resti a far parte della 1ª e della 3ª Armata.

Inizialmente i combattimenti furono intensi, ma a partire dal 9 dicembre si attenuarono con l'inizio dei preparativi per l'accerchiamento di Budapest da ovest. L'anello più interno dell'accerchiamento sarebbe stato realizzato dalla 46ª Armata sovietica (che attaccò a nord del lago Velencei), mentre l'anello esterno dell'accerchiamento sarebbe stato realizzato a sud-ovest del lago dalla 4ª Armata della Guardia; da lì avrebbero raggiunto il Danubio a Komárom.

▲ Parte del ponte Erzsébet, a Pest, demolita per rendere più difficile il passaggio dei sovietici.

Da quel momento ci fu un breve periodo di riorganizzazione degli attaccanti prima dell'assalto finale alla città, iniziato il 19 dicembre. All'inizio di dicembre i sovietici raggiunsero i sobborghi di Pest, raggiungendo la linea Ipoly-Danubio a nord (ricordiamo che nel capitolo precedente abbiamo parlato delle azioni della 2ª Divisione corazzata magiara in questa zona). A questo punto l'offensiva del 2° Fronte ucraino si arrestò perché ricevette l'ordine di aspettare il 3° Fronte ucraino. Quindi dovettero aspettare che il 3° Fronte ucraino si riorganizzasse dopo i primi attacchi contro la linea "Margit". Come curiosità, una delle forze che parteciparono a queste battaglie fu il Reggimento Volontari di Buda, composto da ungheresi che avevano cambiato schieramento. A partire dal 19 l'avanzata sovietica e rumena si accelerò a tal punto che in una sola settimana riuscirono a completare l'accerchiamento della capitale dopo aver tagliato la strada che ancora collegava Vienna a Budapest, lasciando all'interno circa 33.000 soldati tedeschi, 37.000 soldati ungheresi (del I Corpo con la 1ª Divisione corazzata, la 1ª Divisione di cavalleria ussara, resti di vari battaglioni di carri armati e altre unità di minore potenziale) e 800.000 civili. La possibilità di fuga per queste centinaia di migliaia di persone praticamente scomparve perché il 23 novembre 1944 Budapest fu dichiarata da Hitler una fortezza (Festung) che avrebbe dovuto essere difesa fino all'ultimo ad ogni costo. A questo scopo, a partire da quel novembre 1944, furono creati una serie di parapetti e di aree facilmente difendibili all'interno delle cosiddette linee Attila. Le linee difensive Attila consistevano in tre anelli difensivi alla periferia di Pest, un altro nella periferia di Pest e un terzo anello all'interno di Pest. Dopo le linee di Attila, altre sei linee furono create dai difensori all'interno della città (queste linee erano di forma semicircolare e seguivano il tracciato dei vari viali e boulevard della città, anche se si trattava solo di fortificazioni temporanee sostenute da filo spinato elettrificato e campi minati; queste sei linee difensive erano caratterizzate dal fatto che tutte iniziavano e finivano al Danubio). L'area di Buda, essendo più a ovest, non aveva la stessa protezione di Pest, cosa che i difensori della città presto "pagarono". Elementi della 1ª Divisione corazzata e della Divisione ussari, insieme a 6 battaglioni di carri armati e ad altre truppe ungheresi e tedesche, furono assediati a Budapest il 23 novembre 1944. Tra le truppe tedesche c'erano i resti della 13ª Divisione Panzer, la 60ª Divisione Panzer Granatieri "Feldherrnhalle", l'8ª Divisione di cavalleria SS "Florian Geyer" e la 22ª Divisione di cavalleria volontaria SS "Maria Theresia", che costituirono il principale sostegno che permise loro di resistere all'iniziale assalto sovietico alla capitale ungherese.
La 1ª Divisione corazzata aveva 7 carri armati, 3 cannoni anticarro e poco altro, il suo principale contributo erano gli uomini (circa 5.000); la 1ª Divisione ussari aveva solo quattro veicoli corazzati. I 6 battaglioni di carri d'assalto guidati dal tenente generale Ernö Billnitzer (capo del campo di addestramento dei carri d'assalto) nel cosiddetto "Gruppo Billnitzer" avevano un totale di circa 30 carri d'assalto (StuG III, Zrinyi e Hetzer) e 8 cannoni anticarro da 75 mm. Poiché c'erano più truppe che veicoli, molti degli equipaggi furono utilizzati come truppe di fanteria. Lo Zrínyi e l'Hetzer erano ben adatti, grazie alla loro sagoma bassa e al potente armamento, ai combattimenti di strada che li attendevano; e lo avrebbero dimostrato a Budapest nonostante la loro franca inferiorità rispetto ai sovietici.
Il Gruppo "Billnitzer" era costituito dai resti dei battaglioni che si erano ritirati dal fronte verso la città, ovvero il 1°, il 7°, il 10° e parti del 13°, del 16° e del 25° (secondo alcuni storici andrebbe aggiunta anche una batteria del 20°, equipaggiata con Hetzer, e resti del 24° con

5 Turan, 2 Toldi e 22 Hetzer). A questo gruppo si aggiunsero anche alcuni Zrínyi di nuova fabbricazione provenienti dalla fabbrica Ganz della stessa città. La 1ª Batteria del 3° Battaglione carri d'assalto aveva 5 Zrinyi e alcuni Turan, il 7° Battaglione aveva quattro o cinque StuG III, la 1ª Batteria del 10° Battaglione carri d'assalto aveva 11 Zrinyi e alcuni camion. Questi veicoli erano ovviamente troppo pochi per il compito di difendere Budapest con qualche possibilità di successo, quindi venivano spesso utilizzati in piccoli gruppi di due o tre veicoli come riserva mobile per andare nelle aree più vulnerabili.

Tra il 5 novembre e l'8 dicembre, gli ussari di ciò che restava della 1ª Divisione di cavalleria presero posizione difensiva sull'isola di Csepel, nella parte meridionale di Budapest. Qui si trovava gran parte del cuore industriale della capitale. Intensi combattimenti tra le fabbriche permisero di continuare fino all'ultimo la produzione di munizioni per artiglieria, panzerfaust, armi leggere e persino di alcuni veicoli corazzati, come nel caso del sito Manfred Weiss. La maggior parte del 4° reggimento ussari e il 2° battaglione di artiglieria furono accerchiati all'interno di Budapest, mentre le restanti unità sciolte che riuscirono a evitare la capitale ungherese riuscirono infine ad arrendersi all'esercito americano in Austria nel marzo 1945.

Il 10° battaglione d'assalto carri armati condusse un contrattacco contro una testa di ponte sovietica a Baracska l'8 dicembre 1944. L'attacco, iniziato tra Baracska e Martonvásár, riuscì a respingere i sovietici facendoli retrocedere quasi fino al Danubio a nord di Ercsi. Una batteria del 1° Battaglione carri armati prese parte a questo attacco (senza alcun ordine in tal senso). In questo impegno, 15 carri armati sovietici anticarro furono distrutti o catturati,

▲ Un Turán II percorre le strade di Budapest.

uccidendo circa 250 dei loro avversari. Questo coraggioso attacco riuscì a "calmare" la zona per alcuni giorni e permise persino di menzionare l'azione degli ungheresi nei rapporti tedeschi che ne sottolineavano il coraggio. Solo tre giorni dopo, l'11 dicembre, la batteria del tenente Rátz del 1° battaglione d'assalto carri e i veicoli del 10° battaglione d'assalto carri furono impegnati nelle strade della città di Erd, a sud-ovest di Budapest.

Le forze corazzate che combatterono a Budapest includevano la Gendarmeria. Avevano 10 carri armati Ansaldo obsoleti (ritirati dal fronte da anni), 10 Toldi e 10 Csaba. Anche loro effettuarono attacchi contro le truppe sovietiche a Vecsés il 1° novembre 1944 con risultati disastrosi, poiché tutti gli Ansaldo furono persi in breve tempo a causa della superiorità sovietica. In un altro grande impegno, il 27 dicembre, le forze della Gendarmeria furono di nuovo duramente punite e decimate. Lo stesso giorno, l'aeroporto principale di Budapest fu perso dai sovietici e quindi la possibilità di ricevere le 80 tonnellate di materiale che la fortezza avrebbe dovuto ricevere al giorno per rifornire solo le truppe, senza contare i civili. Durante i mesi di novembre e dicembre, le truppe appartenenti ai battaglioni di carri d'assalto, prive delle loro cavalcature, affrontarono il nemico a piedi nella zona di Vecsés-Maglad-Ecser, vicino a Pest, accompagnando la 1ª Divisione corazzata ungherese. Nonostante le condizioni pietose, riuscirono a fermare temporaneamente l'avanzata nemica, grazie al limitato supporto corazzato ricevuto.

Il 23 dicembre la città di Székesfehérvár cadde in mano ai sovietici. Il 24 dicembre tre corpi d'armata penetrarono nelle posizioni difensive della 1ª Divisione corazzata ungherese tra Ecser e Vecsés, a sud-est della città, e iniziarono anche un grande attacco alla 10ª Divisione ungherese tra Csömör e Fót, a nord-est. Attacchi e contrattacchi si ripeterono lungo tutta la linea del fronte, ogni volta recuperando e perdendo qualche centinaio di metri. Un esempio è quello del 25 dicembre a sud di Mogyoród (vicino a Csömör), dove le truppe tedesche si ritirarono di circa 500 metri per poi essere riconquistate lo stesso pomeriggio con l'aiuto di due carri armati d'assalto tedeschi e otto uomini di supporto (in questa azione furono cat-

▲ Un civile legge con calma il giornale sui rottami di uno Zrínyi II del Gruppo Billnitzer a Budapest nell'estate del 1945. Il nome "SÁRI" è scritto sulla parte anteriore del carro armato.

turate due compagnie magiare). Quello stesso giorno di Natale, la strada principale per Budapest fu tagliata dai sovietici, lasciando aperta solo una strada secondaria per Esztergom in direzione della capitale ungherese, ma solo per altre 24 ore. Fu in quel preciso momento che le unità del 2° Fronte ucraino e del 3° Fronte ucraino entrarono in contatto, chiudendo completamente l'accerchiamento di Budapest.

Durante i combattimenti sulle prime due linee di difesa di Attila, i difensori dimostrarono una grande determinazione nonostante la loro inferiorità in uomini e armi, anche se quest'ultima fu leggermente compensata dagli onnipresenti panzerfaust, che fecero numerose vittime tra i corazzati. Il 27 dicembre, un attacco sovietico volto ad attraversare il Danubio e a conquistare l'isola di Csepel da est fu respinto dai cannoni antiaerei ungheresi (che agivano contro bersagli a terra).

L'attacco da est in direzione di Pest metteva i difensori sempre più sotto pressione. Così, il 28 dicembre, il grosso del Gruppo "Billnitzer" era in posizione nella zona di Kispest della capitale magiara. Lo stesso giorno, dopo tentativi infruttuosi di fermare l'offensiva nemica, i resti del 1° e del 13° Battaglione carri d'assalto magiaro che erano stati posizionati tra Pécel e Ferihegy dovettero ritirarsi dopo essere stati incapaci di chiudere il varco lasciato dall'8° Divisione di cavalleria SS "Florian Geyer" in ritirata. Nel frattempo, le unità corazzate del 16° e 24° battaglione carri ungherese riuscirono a mantenere le loro posizioni a Rákoskeresztur e Újmajor. Lo stesso giorno, le aree a est e sud-est di Pest, Maglód e Gyál erano già in mano sovietica.

Il 29 dicembre i sovietici cercarono di negoziare con i difensori la resa della capitale, ma non ci riuscirono a causa dei rigidi ordini di Hitler e del fatto che la jeep che trasportava i primi deputati sovietici esplose, forse colpendo una mina. A causa del rifiuto della proposta, i sovietici iniziarono a "preparare" il terreno, sottoponendolo a un intenso fuoco di artiglieria (quasi mille cannoni) per 7-10 ore il 30-31 dicembre e il 1° gennaio, con gli attacchi aerei a farla da padrone nelle ore in cui l'artiglieria era a riposo.

Tra la fine di dicembre 1944 e l'inizio di gennaio 1945, i carri armati ungheresi combatterono nei sobborghi occidentali di Pest, affiancati dalle truppe tedesche della 13ª Divisione Panzer e della 22ª Divisione di cavalleria volontaria SS "Maria Teresa", che li sostennero in diversi contrattacchi contro i sovietici e riuscirono a tenerli temporaneamente a bada. Il 31 dicembre, nei pressi di Rakóskeresztúr, le unità corazzate del 24° battaglione d'assalto guidato dal comandante Barnabás Bakó riuscirono a respingere un attacco sovietico, infliggendo pesanti perdite. Da parte loro, i sovietici strinsero gradualmente la loro presa sulla città; nella zona di Buda il 3° Fronte ucraino inviò la 46ª Armata (con il 37° e 75° Corpo di Fucilieri e il 18° Corpo di Fucilieri della Guardia), mentre nella zona di Pest il 2° Fronte ucraino fu incaricato di attaccare con la sua 7ª Armata (con il 30° Corpo di Fucilieri, il 18° Corpo di Fucilieri della Guardia e il 7° Corpo rumeno). Sebbene l'operazione "Konrad" per cercare di liberare Budapest sia iniziata il 1° gennaio, contemporaneamente agli eventi che stiamo descrivendo, non è inclusa in questo capitolo ma in un capitolo a parte per una migliore comprensione degli eventi.

Il 5 gennaio i carri armati sovietici stavano già marciando in alcune zone di Pest, anche se è vero che molte parti della città erano ancora in mano ai difensori. Il 6 i sovietici si impadronirono della fabbrica Hofherr-Schrantz, l'unica che ancora produceva pezzi di ricambio per i veicoli corazzati tedesco-ungheresi e che fungeva da officina di riparazione. Lo stesso giorno, la pista di atterraggio sull'isola di Csepel finì sotto il fuoco diretto dei sovietici e dovette essere abbandonata il giorno 7.

Il 7 gennaio, le ultime truppe corazzate del 10° battaglione carri del Gruppo "Billnitzer", appoggiate da truppe tedesche, attaccarono i sovietici nel tentativo di riconquistare un campo d'aviazione su una pista (dopo la sua perdita qualche giorno prima, solo la pista d'emergenza sull'isola di Csepel serviva ancora come punto d'ingresso per i rifornimenti, ma con il fuoco nemico era impossibile utilizzarla, come già detto). Ma la superiorità sovietica e la scarsa consistenza numerica della fanteria degli attaccanti lo costrinsero a rinunciare e a ritirarsi, anche se i corazzati di Billnitzer erano riusciti a prendere posizione su parte della pista.

Lo stesso giorno fu testimone di almeno nove contrattacchi falliti a Köbánya da parte degli uomini della 22ª Divisione di cavalleria volontaria SS "Maria Theresia", supportati dai veicoli corazzati del Gruppo "Billnitzer", che alla fine dovettero abbandonare il distretto.

I sovietici e i rumeni continuarono a penetrare nelle linee difensive, ma di tanto in tanto i difensori infliggevano loro un duro colpo. Così, l'8 gennaio, nei pressi della stazione di Józsefváros (già sulla terza linea difensiva all'interno di Pest), le truppe di fanteria tedesche sostenute da tre Zrínyi del 1° battaglione carri armati riconquistarono una piccola area di edifici appartenenti alla compagnia ferroviaria nazionale (MÁV). Il 9 gennaio, la fanteria tedesca sostenuta dai carri armati ungheresi riprese parte del Parco Népliget, ma le pressioni sovietiche e rumene portarono all'ordine per i difensori dell'Isola di Csepel di ritirarsi a Buda, da completare il giorno successivo.

▲ Tra le macerie è visibile un cannone semovente Magyar Zrínyi, che con il suo obice da 105 mm si dimostrò piuttosto efficace nei combattimenti in strada.

L'11 gennaio ci fu un altro attacco dei carri armati d'assalto di Zrínyi, che riuscirono (con il supporto degli uomini della gendarmeria, che già agivano come pura fanteria) a conquistare la parte occidentale di Piazza Orczy. Nel giro di due giorni, i sovietici avrebbero riconquistato l'area, costringendo gli ungheresi a ritirarsi.

Il 14 dicembre, di fronte all'imminente arrivo della marea sovietico-rumena nel centro di Pest, il Gruppo "Billnitzer" fu chiamato a sigillare il Grand Boulevard (la quinta linea di difesa all'interno di Pest), con i corazzati che ancora combattevano, supportati da due battaglioni di ingegneri e da alcuni battelli d'assalto fluviali. Il 15, 7-8 cannoni d'assalto si mossero per respingere con successo i sovietici che avevano raggiunto il Museo Nazionale. Dopo aver creato una serie di barricate e aver opportunamente minato il Boulevard, gli ungheresi, sostenuti dai loro carri d'assalto, riuscirono a resistere all'assalto sovietico fino al 17 gennaio. Ma ancora una volta la pressione sovietica spinse gli ungheresi a ritirarsi a Buda dopo aver attraversato il Danubio. L'idea era di organizzare una resistenza più forte a Buda, che iniziò con il far saltare i cinque ponti che collegavano Buda e Pest il 18 gennaio alle 7 del mattino, per rendere più difficile raggiungere l'ultima roccaforte dei difensori (anche se gli unici due ponti che resistettero nonostante gli ingenti danni furono quelli di Erzsébet e della Catena). Il Gruppo Billnitzer fu immediatamente schierato nella parte occidentale di Buda per difendere i sobborghi di quell'area dall'avanzata sovietica. La 1ª Divisione corazzata aveva perso i suoi pochi veicoli corazzati durante i combattimenti e i suoi uomini agirono come fanti per il resto dell'accerchiamento (all'inizio di febbraio aveva solo 200 uomini).

▲ Un altro dei tanti siti di "accumulo" di attrezzature militari messe fuori uso a Budapest dopo i combattimenti. Sono visibili diversi veicoli blindati leggeri T-70 e un R-35 di origine francese (quest'ultimo forse di origine polacca), utilizzati per l'addestramento delle truppe magiare presso l'Accademia Ludovika e impiegati per la difesa statica nell'area di Vérmező.

▲ Un'altra immagine di detriti di combattimento nelle strade di Budapest. C'erano decine di punti di "raccolta" delle armi dopo i combattimenti.

▼ Un vagone blindato ungherese abbandonato alla stazione di Keleti, che mostra un pezzo di artiglieria da 80 mm, un cannone anticarro in torretta e due mitragliatrici, utilizzati nei combattimenti per Budapest. L'Ungheria aveva un grande interesse per i treni blindati durante la Seconda Guerra Mondiale.

Nel frattempo, il 20 gennaio 1945 a Mosca, i rappresentanti del governo provvisorio ungherese Miklós firmavano l'armistizio, anche se di scarso valore nelle zone controllate dai tedeschi e dal governo Szálasi. A Budapest, ovviamente, non aveva alcun valore.

Va ricordato che, contemporaneamente agli attacchi a Pest, l'assedio a Buda si stava stringendo ogni giorno di più dalla fine del dicembre 1944, per cui alcune delle truppe posizionate a Pest furono trasferite sul lato di Buda. Qui i combattimenti furono meno intensi che a Pest, ma non mancarono azioni delle truppe corazzate magiare, come quella del 27 dicembre in cui, appoggiate dalla fanteria, riconquistarono la stazione di Kelenföld. La pressione sovietica continuò per tutto il mese di gennaio per soffocare ulteriormente le ultime sacche di difensori rimaste su quel lato del fiume. Tra il 17 e il 19 gennaio, le truppe della gendarmeria sostenute da un gruppo di combattimento corazzato ungherese effettuarono un contrattacco in direzione della strada di Mártonhegyi. Il 25 gennaio, truppe corazzate del Gruppo "Billnitzer" supportate da fanteria tedesca intervennero nella zona dei binari ferroviari a Lágymánios, cercando senza successo di impadronirsi di una fabbrica di uniformi dove molti difensori erano stati assediati al piano superiore.

▲ Uno dei pochi veicoli blindati antiaerei Nimród di produzione ungherese che parteciparono ai combattimenti per Budapest. Questi veicoli corazzati furono impiegati con successo sia nella contraerea che nei combattimenti a terra grazie alla loro elevata cadenza di fuoco.

Il 5 febbraio, gli ultimi sette alianti di rifornimento vengono ricevuti e riescono a raggiungere la città a Vérmezö (anche se uno si schianta all'atterraggio), ma è troppo poco per le esigenze. Il 6 febbraio, i sovietici continuano la loro avanzata su Buda, provocando ulteriori ritirate da parte dei difensori. Poco dopo, i sovietici conquistano anche l'Isola Margherita, nel Danubio, mentre passa Budapest (gli attacchi a quest'isola erano iniziati il 19 gennaio). L'obiettivo successivo è la Cittadella che, dopo essere caduta, lascia i difensori in uno spazio ristretto di circa due chilometri quadrati sulla Collina del Castello, sotto il continuo fuoco dell'artiglieria e dei bombardamenti.

La situazione disperata, con la scomparsa di possibili aiuti dall'esterno dopo il fallimento delle operazioni Konrad I, II e III, portò il comandante della piazza, l'SS-Obergruppenführer von Wildenbruch, a ordinare l'11 febbraio che i superstiti dell'accerchiamento tentassero di rompere l'assedio. Nel tentativo di sorprendere i sovietici e avere qualche possibilità di successo, l'assedio fu rotto in tre direzioni. Tra i 28.000 e i 30.000 soldati tedeschi e ungheresi tentarono di sfondare in tre colonne. Solo la prima riuscì ad avanzare per un certo tratto sotto la copertura della nebbia, mentre le altre due furono massacrate. Lo stesso giorno, gli ultimi Zrínyi ancora in condizioni di combattere furono fatti esplodere dai loro equipaggi davanti all'Università di Tecnologia di Budapest per evitare che cadessero intatti nelle mani dei sovietici.

Così i resti del Gruppo "Billnitzer", ormai privi di armature, parteciparono al più riuscito tentativo di fuga dalla Collina del Castello. Lo stesso Billnitzer (recentemente promosso a tenente generale per le sue numerose azioni di difesa della capitale) e un piccolo gruppo di uomini dei suoi carri armati sfondarono la piazza Széll Kálmán e, nonostante gli attacchi sovietici, riuscirono a raggiungere la strada Törökvész attraverso la quale raggiunsero una foresta innevata a ovest di Buda, per poi essere catturati poco dopo nel loro tentativo di fuga nel villaggio di Perbál (a circa 19 km da Budapest). Solo pochi uomini del Gruppo "Billnitzer" riuscirono a raggiungere le linee tedesche, mentre tutti gli altri compagni perirono o furono catturati.

Degli uomini che difendevano la Fortezza di Budapest, solo circa 600-700 tedeschi e poche decine di ungheresi riuscirono a sfuggire all'accerchiamento sovietico, raggiungendo a piccoli gruppi le agognate linee tedesche in direzione di Vienna.

L'assedio di Budapest terminò ufficialmente il 14 febbraio 1945, quando i sovietici riuscirono a sopraffare le ultime difese tedesco-ungheresi ancora in piedi, dopo che il 13 febbraio gli ultimi difensori si erano in gran parte arresi.

▲ Resti dello Zrínyi II del 1° tenente Rácz della 3ª batteria del 1° battaglione carri armati su un viale di Budapest. La fotografia è stata scattata dopo la fine del conflitto armato nel Parco Vérmező.

▼ Numerosi carri armati Panzer-Faust accumulati in una trincea nella difesa di Budapest. In assenza di corazzature supplementari, i difensori della città utilizzarono questa devastante arma anticarro in gran numero.

▲ Dopo l'inferno dell'assedio arrivò l'occupazione di Budapest da parte delle truppe sovietiche.

▼ Diversi veicoli corazzati dei difensori abbandonati dopo i combattimenti in un'area di raggruppamento dei difensori a Budapest. Si possono vedere, tra gli altri, diversi carri armati Hetzer e un Hummel.

1945: LE BATTAGLIE FINALI

IL CANTO DEL CIGNO DELLE FORZE CORAZZATE UNGHERESI

Alla fine del 1944, l'Ungheria si era divisa in due parti. I territori a ovest del Danubio erano controllati dai tedeschi e dal governo fantoccio ungherese, mentre i restanti territori a est erano già sotto il controllo sovietico, che manteneva l'assedio della capitale.
All'inizio del gennaio 1945 un piccolo gruppo di battaglia della 2ª Divisione corazzata fu subordinato alla Divisione Szent Lázsló, che partecipò alla battaglia del fiume Garam. Il 3° Reggimento carri aveva 3 38M Toldi e 2 Pz IV H. Il 52° Battaglione di artiglieria contraerea semovente aveva 7 40M Nímrod. Si trattava di un numero davvero esiguo di truppe. Sembra che tutti gli Zrinyi ancora operativi dei vari battaglioni carri siano stati trasferiti al 20° e 24° battaglione carri nel gennaio 1945. Nonostante ciò, il loro utilizzo fu notevolmente ridotto a causa dell'impossibilità di mantenerli operativi nelle condizioni di continua ritirata che dovevano sopportare.
Il 1° gennaio Tarczay fu promosso capitano, dopodiché gli fu affidata la missione di recarsi con 40 dei suoi uomini a Galánta (Galanta, Slovacchia), dove l'8 gennaio 1945 ritirarono alcuni nuovi veicoli corazzati per la 2ª Divisione corazzata. Si trattava di 27 Pz IV H (e secondo alcune fonti di 2 Panther) che dovevano essere utilizzati per dare un valore di combattimento alla 2ª Divisione corazzata. Allo stesso modo, qualche altra unità sconosciuta, sempre all'inizio di quest'anno, lasciò diversi Zrínyi e Turán operativi alla stazione ferroviaria di Stúrovo e vicino a Bratislava (Slovacchia) per ricevere nuovo materiale dai tedeschi.
La 2ª Divisione corazzata con 15 Pz IV H e alcuni veicoli supplementari partecipò all'Operazione Konrad I tra il 7 e il 12 gennaio 1945 a Székesfehérvár. Il 7 gennaio 1945 gli attacchi sovietici contro la 3ª Divisione tedesca e la 2ª Divisione corazzata furono fermati a Csákvár. Il 16 gennaio la 2ª Divisione corazzata, già rinforzata con i 27 Pz IV H, più 5 Nimrod, 1 Panther e alcuni altri veicoli, si preparò per gli immediati combattimenti che li attendevano. Il capitano Tarczay fu messo al comando del Pz IV H e schierato nelle vicinanze del villaggio di Bodajk insieme alle unità corazzate del 1° Battaglione.
Il 24 gennaio la 2ª Divisione corazzata, insieme alla 4ª Brigata di cavalleria tedesca, sostenne l'attacco della 1ª Divisione ussari sui monti Vértes. Gli ungheresi attaccarono a Csákvár con 11 Pz IV H e 4 Nimród. Il 25 gennaio 9 carri armati ungheresi e tedeschi furono distrutti dai sovietici.
I continui combattimenti in ritirata stavano dissanguando le poche unità corazzate rimaste della 2ª Divisione corazzata, inducendole a fine febbraio a cercare di formare una linea difensiva nei pressi di Székefehérvár e Zámoly, nelle vicinanze dei laghi Balaton e Velence. Il 3/II Battaglione carri con 15 Pz IV H combatté a Zámoly contro le superiori truppe sovietiche pronte a prendere definitivamente l'Ungheria. La 2ª Divisione corazzata con 16 Pz IV H, 4 batterie e 4 battaglioni motorizzati era subordinata al 4° Corpo corazzato SS.
Il capitano Tarczay, grazie agli importanti risultati ottenuti nelle successive battaglie in cui era stato coinvolto, poté godere di un breve e meritato periodo di riposo, durante il quale si sposò, e infine ricevette la decorazione Hence Vitéz il 15 marzo. Il 16 marzo il 3° Fronte ucraino lanciò una potente offensiva contro il Transdanubio, che gli permise di conquistare

▲ Vista dall'alto di un Nimród, che mostra la cabina di pilotaggio aperta.

▲ Due Pz IV H ungheresi in attesa in una zona di concentramento. Si noti l'insegna tedesca al posto di quella ungherese, un evento relativamente frequente dal 1944 in poi.

la città di Csákberény e di puntare sulla città di Vienna. In questa avanzata, è stato.
Senza ulteriori indugi, il 17 marzo 1945 Tarczay tornò alla sua unità e prese nuovamente parte ai combattimenti al comando di 4 Pz IV H nei pressi del villaggio di Söréd (altri tre Pz IV H erano posizionati all'incrocio stradale di Csókakö). Da lì non dovettero spostarsi molto, poiché il nemico era a pochi chilometri di distanza. Tarczay e i suoi uomini presero posizione sulla strada tra Söréd e Csákberény, dove cercarono di fermare l'avanzata sovietica, ma non riuscirono a impedire ai sovietici di accerchiare Söréd con fanteria e mezzi corazzati. Il 18 marzo, circa 20 carri armati Sherman sovietici furono inviati contro la città di Söréd nel tentativo di spezzare la resistenza ungherese, avanzando lungo la strada dove si trovava il Pz IV H di Tarczay. In questo impegno ungherese in netta inferiorità numerica (erano coinvolti solo 3 Pz IV H), Tarczay e i suoi uomini riuscirono a distruggere 2 Sherman, 2 camion, 3 mortai e una compagnia di fanteria sovietica.
La ritirata fu ordinata dai tedeschi, ma la situazione complicata impedì ai veicoli di ritirarsi con le proprie forze, dovendo abbandonarli a causa degli ingenti danni subiti in combattimento, ma non prima di averli definitivamente distrutti. Nella loro successiva fuga a piedi attraverso il terreno paludoso a ovest di Söréd, sono stati inseguiti dalle truppe russe che hanno cercato di annientarli con armi leggere e colpi di mortaio. Durante la fuga, il capitano Tarczay fu gravemente ferito al ginocchio, provocando una grave emorragia che, di fronte all'imminente pericolo di essere braccati dagli inseguitori sovietici, non riuscirono a fermare. Morto dissanguato e impossibilitato a essere trasportato, Tarczay entrò in stato di shock e alla fine morì poco dopo che i suoi uomini, sconfortati, lo avevano abbandonato in questa fuga infernale. L'eroe nazionale ungherese e asso dei corazzati fu dichiarato ufficialmente

morto il 18 marzo 1945 dopo aver distrutto nel corso dei combattimenti ai comandi di vari carri armati come il Turán 75, il Tiger, il Panther e il successivo Pz IV H, più di 15 carri armati nemici e almeno una dozzina di cannoni anticarro. In tutti i combattimenti intorno a Söréd, gli ungheresi persero 21 carri armati e 70 camion distrutti, mentre almeno 35 veicoli corazzati e 70 camion furono catturati.

Nonostante la situazione critica, alcune unità corazzate ungheresi disponevano ancora di un buon numero di veicoli. Così, una parte del 25° battaglione carri armati, che stava ancora combattendo, aveva a disposizione circa 38 carri armati (principalmente Hetzer) il 15 marzo 1945, anche se solo sei erano operativi.

▲ Una colonna di Nimród sfila attraverso un villaggio con i cannoni alla massima altezza.

TENTATIVO DI SALVATAGGIO DI BUDAPEST

Il 24 dicembre 1944, Adolf Hitler, nonostante l'opposizione di gran parte del suo Stato Maggiore, ordinò all'Obergruppenführer delle SS Herbert Gille di preparare il suo potente 4° Corpo Panzer delle SS, che si stava riprendendo nella zona di Varsavia, per essere inviato in Ungheria e partecipare al tentativo di liberare Budapest. A tal fine, l'Operazione Konrad fu lanciata nel gennaio 1945 in tre fasi, Konrad I, Konrad II e Konrad III.

La prima fase o "Konrad I" iniziò il 1° gennaio 1945 (e terminò il 7 gennaio). Il IV.SS-Panzerkorps con le sue principali unità di punta (3ª SS Panzer Division "Totenkopf" e 5ª SS Panzer Division "Viking") partì dalle sue posizioni a Táta (a nord della capitale) con l'obiettivo di rompere l'accerchiamento di Budapest. Il loro attacco non fu preceduto da una preparazione di artiglieria per sorprendere i sovietici della 4ª Armata della Guardia. Nonostante il colpo iniziale, nel giro di due giorni furono inviate diverse unità sovietiche che riuscirono a fermare l'avanzata tedesca nei pressi di Bicske, a meno di 20 chilometri dalla capitale. Il 7 gennaio fu raggiunta la linea "Esztergom-Bánhida", ma i tedeschi furono definitivamente fermati dalla forte resistenza opposta dai sovietici.

Dopo il fallimento iniziale, il 7 gennaio iniziò la seconda fase o "Konrad II", con l'obiettivo di rinnovare l'attacco con il IV.SS-Panzerkorps dalla città di Esztergom seguendo il piano originale, mentre il Gruppo Breit attaccava in direzione di Bicske da sud-ovest. Queste due forze si sarebbero poi unite per iniziare l'attacco alla zona dell'aeroporto di Budapest. Anche in questo caso l'attacco fu un fiasco a causa della potente difesa opposta dai russi ai tedeschi, dopo un'avanzata di non più di 6-7 chilometri.

▲ Due Turán II catturati dai sovietici mentre vengono preparati per il trasporto.

La terza fase, o "Konrad III", fu preparata in modo più approfondito e con un numero maggiore di truppe. Inoltre, furono prese misure di intelligence per confondere i sovietici, come l'invio del IV Corpo a Győr e il suo immediato spostamento a Veszprém, dove si stavano radunando varie unità. Tra il 17 e il 18 iniziò l'offensiva condotta dal IV.SS-Panzerkorps e dal III Panzerkorps, partendo dalle posizioni tra i laghi Balaton e Velencei. L'avanzata tedesca sfondò le prime linee sovietiche e, dopo aver raggiunto il Danubio a Dunaújváros (oggi Dunapentele), virò a nord verso Budapest. Ancora una volta, una forte resistenza sovietica impedì loro di raggiungere l'obiettivo finale e riuscirono ad arrivare solo a 20 chilometri dalla capitale. Nell'ambito di queste operazioni, il Reggimento SS Ney (ungherese) collaborò con le forze corazzate tedesche per catturare la città di Székesfehérvár il 23 gennaio. Da parte loro, le truppe assediate a Budapest chiesero il permesso di provare a contattare le unità che cercavano di salvarle, ma non fu loro permesso di farlo. Dopo un brutale logoramento e senza poter fare ulteriori progressi, l'attacco fu fermato il 28 gennaio e le truppe si ritirarono.

Durante i combattimenti a nord della capitale ungherese tra il 1° gennaio e il 16 febbraio 1945, ciò che restava della 1ª Armata ungherese fu praticamente annientato. Da parte loro, le poche truppe corazzate di cui gli ungheresi ancora disponevano hanno effettuato pochi movimenti. È noto che il 20° Battaglione d'assalto carri armati con 16 Hetzer fu subordinato alla 25ª Divisione di fanteria nel febbraio 1945.

▲ Diversi veicoli corazzati tedeschi abbandonati dopo essere stati distrutti o disabilitati durante i combattimenti. Anche se la battaglia per Budapest non fu un combattimento in cui i veicoli corazzati giocarono il ruolo principale, essi servirono come supporto sia per gli attaccanti che per i difensori.

L'OFFENSIVA DEL LAGO BALATON

L'ultimo grande tentativo di fermare l'avanzata sovietica in Ungheria fu chiamato Operazione Risveglio di Primavera (unternehmen Frühlingserwachen) ed è noto come Offensiva del Lago Balaton. Adolf Hitler, nonostante le molteplici battute d'arresto su tutti i fronti e la necessità di truppe altrove, decise che l'Ungheria avrebbe visto una nuova offensiva delle sue truppe. L'intenzione era quella di proteggere il sud del Reich e di riconquistare le aree petrolifere magiare, già in mano ai sovietici. L'attacco avrebbe avuto luogo tra i laghi Balaton e Velencei, fermando l'avanzata del 3° Fronte Ucraino di Tolbukhin. Dopo averli finiti, l'obiettivo successivo era quello di raggiungere il Danubio e da lì attaccare il 2° Fronte ucraino di Malinovsky (che aveva appena preso la Fortezza di Budapest tre settimane prima). Grazie a questo secondo attacco, la capitale ungherese sarebbe stata riconquistata. Le truppe dell'Asse si sarebbero poi dirette a nord, verso Berlino, per impedirne la presa e spazzare via le truppe di Zhukov e Koniev. Sebbene gli obiettivi di Hitler fossero estremamente elevati, qualsiasi risultato positivo sarebbe stato interessante, poiché dopo la caduta di Budapest e il fallimento dell'operazione Konrad, un colpo sul fronte ungherese era di vitale importanza. Tra le truppe dell'Asse, le esauste truppe del Gruppo d'Armate Sud di Otto Wöhler (a cui era aggregata la Terza Armata ungherese) furono assistite dalla 6ª Armata Panzer SS, reduce dalla sconfitta nella Battaglia del Bulge sul fronte occidentale.

I principali membri della forza dell'Asse erano:

- La 6ª Armata Panzer SS: sotto il comando del generale Josef "Sepp" Dietrich doveva sopportare il peso maggiore dell'attacco.
- 2ª Armata Panzer: al comando del generale Massimiliano de Angelis, che avrebbe appoggiato la 6ª Armata Panzer SS a sud del lago Balaton.
- 6ª Armata: sotto il generale Hermann Balck.
- Terza Armata ungherese: al comando del generale József Heszlényi, che doveva sostenere i tedeschi dal nord dell'offensiva in un ruolo marcatamente secondario, appesantito ancor più dall'assenza di materiale corazzato. Va inoltre ricordato che nello stesso teatro di operazioni rimase il 20° Battaglione d'assalto carri ungherese al comando di József Henkey-Hőnig, equipaggiato con carri Hetzer, che avrebbe praticamente rappresentato il canto del cigno delle forze corazzate ungheresi nella Seconda guerra mondiale.

Nel febbraio 1945 il 20° Battaglione carri armati High As fu riorganizzato in tre batterie, ma con un totale di 15 carri d'assalto. Il Battaglione fu assegnato alla 25ª Divisione di Fanteria verso la fine di febbraio, con la quale si dice abbia combattuto con 8 Hetzer (due batterie) a sostegno di un attacco di fanteria contro la 299ª Divisione di Fucilieri sovietica nell'area di Balatonbozsok-Alsótekeres, nelle vicinanze del lago Balaton.

Alla fine di febbraio, il rinforzo del 3° Fronte ucraino dopo i combattimenti per la capitale era completo. Questo includeva la 1ª Armata bulgara e molte altre unità che avrebbero cercato di spazzare via le unità dell'Asse, molto indebolite, nella parte occidentale del Paese.

Il 6 marzo 1945, tra l'una e le nove del mattino, fu la data e la fascia oraria scelta per iniziare l'attacco alle posizioni del 3° Fronte ucraino. Sebbene ogni informazione sull'offensiva fosse tenuta completamente segreta, i sovietici ne erano a conoscenza e si erano preparati.

Nei primi due giorni l'attacco si concentrò in direzione di Seregélyes, perché si pensava di poter avanzare più facilmente. Ma l'8 marzo l'attacco dovette essere interrotto perché i sovietici si riorganizzarono dopo l'arrivo dei rinforzi.

L'8 marzo 15 Hetzer del 20° Battaglione carri d'assalto ungherese e altre truppe combatterono a fianco dei resti della 4ª Divisione di cavalleria tedesca e del 25° Battaglione di ricognizione ungherese vicino al lago Balaton. Tra il 9 e l'11 marzo la 25ª Divisione di fanteria ungherese riconquistò Enying con il supporto degli Hetzer del Battaglione. Il 26° Reggimento di Fanteria, supportato da 15 Hetzer del 20° Battaglione carri d'assalto, riuscì a sfondare le linee russe della 93° Divisione Fucilieri a Siófok il 13 marzo 1945, ma fu respinto, perdendo sei Hetzer. Dopo alcuni giorni di intensi combattimenti nella fredda campagna ungherese, i tedeschi raggiunsero un livello di logoramento che non potevano permettersi (lo sforzo fu tale che al 14 marzo avevano subito il 30% di perdite umane e il 50-60% di perdite materiali). Il 15, quindi, la 6ª Armata Panzer SS ricevette l'ordine di interrompere l'offensiva e di schierarsi sulla difensiva. Il "risveglio di primavera" era terminato 10 giorni dopo il suo inizio e i sovietici avevano recuperato solo una piccola porzione di territorio (tra i 30 e i 35 chilometri), in cambio della perdita insostituibile di molti dei loro soldati e di gran parte della loro flotta corazzata residua. Una piccola sottounità del 20° Assalto Carri Ungherese con otto Hetzer partecipò al supporto del 23° e 25° Reggimento di Fanteria in un attacco contro la 299° Divisione Fucilieri sovietica nell'area di Balatonboszok-Alsótekeres.

Esausti e incapaci di ricevere rinforzi, i guadagni territoriali dell'offensiva furono persi in soli quattro giorni, poiché il 19 marzo i sovietici erano tornati alle loro linee di fronte precedenti all'operazione "Risveglio di primavera". Il 21 marzo il 20° Battaglione carri d'assalto magiaro fu ritirato dalla linea del fronte con tredici Hetzer ancora in funzione.

▲ Famosa fotografia di un Hetzer ungherese distrutto con la scritta Mókus (scoiattolo rosso) sulla parte anteriore. Questo veicolo, sul quale sono visibili i numeri di identificazione sovietici, è stato messo fuori uso intorno al marzo 1945 nell'Ungheria occidentale.

Quest'ultimo tentativo di Hitler di prendere il controllo della situazione sul fronte ungherese causò ai sovietici perdite facilmente recuperabili, circa 33.000 uomini (tra morti e feriti), più di 150 veicoli corazzati e circa 500 cannoni anticarro. Ma per i tedeschi e gli ungheresi iniziò la ritirata nel territorio del Reich, lasciandosi alle spalle l'Ungheria. Le ultime operazioni di combattimento sul suolo ungherese si svolsero intorno al 4 aprile 1945 nell'ambito dell'offensiva su Vienna, per cui gli ultimi scontri delle truppe corazzate ungheresi non avvennero in patria, che era già stata conquistata dai sovietici (anche se molte truppe ungheresi si arresero comunque in territorio ungherese e altre nel territorio dell'ex Cecoslovacchia). Mentre avveniva questo scioglimento, Szálasi andò in esilio in Germania con alcuni dei suoi sostenitori, dando per definitivamente persa la battaglia in patria.

I COMBATTIMENTI FINALI

La prossima azione difensiva dell'Asse in questo teatro di operazioni si sarebbe concentrata sulla protezione del nord-ovest ungherese, del territorio austriaco e della sua capitale. In realtà, le truppe tedesco-ungheresi avevano ancora tre linee difensive pronte dietro la linea Margit. La prima si sviluppava da Általér verso Vértes e attraverso le propaggini sud-occidentali della Foresta di Bakony fino al Lago Balaton. La seconda linea seguiva il corso dei fiumi Vág e Rába, mentre la terza linea partiva dalle propaggini sud-occidentali dei Carpazi Minori e correva lungo il confine ungherese. Il problema, tuttavia, era lo stesso delle altre linee difensive magiare, che in alcune zone non erano né continue né completamente consolidate, consistendo in alcuni casi in poche fortificazioni collegate tra loro. L'obiettivo del 3° Fronte ucraino era quello di sfondare le difese tedesco-ungheresi dirigendo il suo attacco principale in direzione di Székesfehérvár e Veszprém, intascando così le principali unità difensive.
Dopo aver completato la presa dell'Ungheria, il passo successivo fu quello di raggiungere, all'inizio di aprile, la zona di Vienna, ora all'interno del Reich.
Ma il 20 marzo la 26ª e la 27ª Armata di Tolbukhin furono inviate in direzione di Székes-

▲ Alcuni Nimród di nuova produzione riposano in un deposito militare prima di essere inviati all'unità di destinazione.

fehérvár, provocando una ritirata generale dei difensori che, pur non potendo essere accerchiati, abbandonarono le posizioni a Veszprém e Székesfehérvár il 23 marzo. Solo due giorni dopo il 3° Fronte ucraino e le forze del 2° Fronte ucraino a sud del Danubio riuscirono a sfondare le ultime difese in territorio magiaro, provocando uno sbandamento generale di tedeschi e ungheresi. Molti dei singoli soldati ungheresi deposero le armi e cercarono di tornare in patria dopo essersi spogliati delle loro uniformi, già occupate dai sovietici, in alcuni casi per essere reclutati dai sovietici per la formazione di truppe ungheresi filo-sovietiche come la 5ª Divisione di fanteria magiara (solo un'unità, la 24ª Divisione di fanteria, disertò in gran parte).

Il 21 marzo, intanto, l'ultimo Zrínyi operativo del 24° battaglione carri si arrese a Bratislava (Slovacchia), così come una manciata di Turán I sopravvissuti. La ritirata fu verso nord, con la caduta della città di Györ (la seconda città più grande dell'Ungheria) il 28 marzo. La ritirata fu verso nord, con la caduta della città di Györ (la seconda città più grande dell'Ungheria) il 28 marzo. Il 29 Szálasi e il suo governo lasciarono il territorio magiaro per l'Austria. Tuttavia, alcune forze dell'Asse rimasero in territorio magiaro e i combattimenti continuarono almeno fino al 12 aprile 1945. A quel punto, quando tutta l'Ungheria era occupata dai sovietici, c'erano ancora tre piccole aree in cui gli ungheresi continuavano a combattere: i resti della 1ª Armata si trovavano in Slovacchia (dove erano stati spinti), per continuare la loro ritirata verso la Boemia, dove alla fine si sarebbero arresi ai sovietici; la 3ª Armata (che conteneva quella che una volta era la 2ª Divisione corazzata) si trovava in Austria lungo la riva nord del Danubio, dove sarebbe stata catturata dagli Alleati occidentali; Infine, un insieme di unità, in particolare la "Szent László", fu costretta a rientrare dalla Croazia settentrionale (dove stava combattendo contro i partigiani di Tito, che approfittarono della ritirata per decimare i magiari) in Austria, dove si arrese agli inglesi. È interessante notare che agli uomini della "Szent László" gli inglesi permisero di continuare ad armarsi come misura contro le truppe comuniste di Tito.

Ma questa ritirata dei tedeschi e degli ungheresi dovette avvenire in condizioni meteorologiche molto difficili, con neve e fango che non facilitarono il compito. Di questa situazione approfittarono le avanzate sovietiche e le truppe partigiane (soprattutto quelle in territorio ceco) che decimarono i soldati dell'Asse, come accadde ai resti della 1ª Divisione corazzata ungherese e del 20° Battaglione carri. Queste angherie e la mancanza di carburante fecero sì che durante la marcia verso il nord del Paese alcuni dei pochi mezzi corazzati ungheresi fossero abbandonati, ancora in condizioni di combattimento, mentre cercavano di raggiungere il Reich tedesco in fuga dai sovietici. Ne sono un esempio i mezzi corazzati abbandonati a Zaim (Znojmo) sul confine ceco-austriaco o alla stazione ferroviaria di Budafok-Háros, che divennero bottino di guerra sovietico.

Come risultato umano della sconfitta finale, più di mezzo milione di ungheresi (si stima tra i 419.000 e i 600.000) furono deportati nei campi di lavoro in Siberia, dove circa il 40% di loro morì (almeno 200.000 non fecero ritorno a casa). I sopravvissuti tornarono in patria tra il 1953 e il 1956. Come risultato materiale, l'Ungheria riconquistò praticamente gli stessi territori che aveva nel 1938, ad eccezione di una piccola perdita territoriale al confine con la Cecoslovacchia. Tutte le annessioni avvenute tra il 1938 e il 1941 e tutte le speranze di ricostruire una Grande Ungheria erano state definitivamente eliminate.

ALLEGATI

ALLEGATO 1: VEICOLI BLINDATI DELL'ESERCITO UNGHERESE

Le forze corazzate ungheresi, come abbiamo visto nel testo, non sono state in grado di fronteggiare il potente nemico sovietico ad armi pari durante tutte le fasi della guerra mondiale. Tuttavia, è degno di nota il lodevole tentativo del governo ungherese di costruire una forza corazzata basata sulla produzione nazionale. Sebbene il corso della guerra abbia impedito lo sviluppo degli ultimi progetti ungheresi, è abbastanza probabile che se avessero visto il servizio attivo, sarebbero stati molto più alla pari con i loro avversari sovietici. La necessità ungherese permise infine alla Germania di consegnare all'Ungheria vari tipi di veicoli corazzati, tra cui i possenti Tiger e Panther, anche se in numero così ridotto da non fornire alcuna efficacia strategica.

In questa sezione passeremo brevemente in rassegna i più significativi veicoli corazzati di diverse caratteristiche che, in misura maggiore o minore, fecero parte dell'esercito ungherese durante la Seconda Guerra Mondiale, con particolare attenzione a quelli di fabbricazione ungherese.

CARRI ARMATI DI ORIGINE STRANIERA

1) Panzer I

Un esemplare fu consegnato agli ungheresi nel 1937 per i test. Più tardi, nel 1942, gli Honved ricevettero dalla Germania 8 esemplari del Pz I Ausf. F che furono utilizzati per l'addestramento degli equipaggi della 1ª Divisione corazzata. Forse nello stesso anno fu ricevuto un altro esemplare di un modello precedente. Evidentemente questi veicoli non poterono mai essere utilizzati come mezzi corazzati di prima linea a causa della loro obsolescenza fin dalle prime fasi del conflitto.

2) Renault R-35

I magiari utilizzarono tre esemplari forniti dalla Germania. Questi carri armati con un cannone da 37 mm facevano parte del bottino di guerra ottenuto in Polonia e dovevano essere utilizzati in seconda linea. Nonostante la loro eccellente corazza, erano sottocorazzati ed era quasi un suicidio utilizzarli in prima linea.

3) M 3 Stuart

Diversi esemplari di questo modello americano con cannone da 37 mm furono catturati dai sovietici e utilizzati come trattori. Erano arrivati in URSS grazie alla legge Lend-Lease in vigore tra il 1941 e il 1945.

4) T-11 (LT vz. 35)

Due unità di questo carro armato con un cannone da 37 mm furono catturate durante i combattimenti tra Ungheria e Cecoslovacchia (marzo 39). Furono utilizzati a scopo di addestramento.

5) T-38 (LT vz. 38 o Pz 38)

L'Ungheria ricevette dalla Germania 108 carri armati di questo modello con cannone da 37 mm. Questo fu il primo tentativo del Paese di acquistare dall'estero un moderno equipaggiamento corazzato. Il problema principale era che quando furono ricevuti (nel 1942) erano già obsoleti, quindi si sarebbero dimostrati poco capaci di essere un serio avversario per i veicoli corazzati sovietici che avrebbero affrontato, essendo poco armati e poco corazzati.

6) Somua S-35
Solo due esemplari di questo carro armato francese con cannone da 47 mm entrarono nell'arsenale ungherese. Entrambi i veicoli vennero utilizzati per l'attività antipartigiana in Ucraina, data la loro scarsa utilità contro i carri armati sovietici.

7) Pz IIIM
L'Ungheria ricevette 20 unità di questo modello tedesco da 50 mm. Furono divise equamente tra la 1ª e la 2ª Divisione corazzata. L'esiguo numero di unità ricevute non permise all'Ungheria di far pendere la bilancia dalla parte dei sovietici.

8) Pz IV F1
Fu il primo carro armato che gli ungheresi possedevano in grado di affrontare gli avversari sovietici ad armi pari. Con il suo cannone corto da 75 mm KwK 37 L/24, i tedeschi lo consideravano un carro armato medio, mentre gli ungheresi lo classificavano come carro armato pesante.

9) Pz IV F2
Si trattava della logica evoluzione del modello F1, con la sostituzione del cannone principale con il cannone lungo da 75 mm KwK 40 L/43, che ne migliorava la capacità anticarro. Circa 10 esemplari di questo modello furono integrati nella 1ª Divisione corazzata nel 1942.

10) Pz IV H
Con l'evolversi degli eventi bellici, la Germania dovette rafforzare la capacità corazzata dei suoi alleati e nel 1944 gli ungheresi ricevettero 72 carri armati. Questi carri armati erano equipaggiati con il potente cannone anticarro KwK 40 L/48 da 75 mm che, insieme alla protezione frontale da 80 mm, rese il Pz IV H il cuore della potenza corazzata ungherese.
Secondo Bernád, i Pz IV ricevuti dagli ungheresi tra maggio e agosto 1944 (in numero di 32) erano del modello Pz IVG; dal settembre 1944 i modelli ricevuti erano Pz IVH. Come curiosità, vale la pena ricordare che l'ultima consegna di questi carri armati agli ungheresi avvenne nel marzo 1945, quando furono consegnati diversi esemplari.

11) Pz V A Panther
Fortunatamente, tra le 10 e le 12 unità di questa magnifica armatura arrivarono in Ungheria. Il loro arrivo fu in realtà fortuito, poiché la loro destinazione originaria era la Romania, ma il cambio di schieramento nel 1944 li fece dirottare in Ungheria, dove prestarono servizio con grande efficienza.
Armato con il cannone KwK 42/L70 da 75 mm e due mitragliatrici MG 34 da 7,92 mm, era, dopo il Tiger, il carro armato ungherese più potente.

12) Pz VI Tiger I
Uno dei gioielli dell'industria degli armamenti tedesca e di uso esclusivo per i suoi eserciti faceva parte anche dell'arsenale magiaro. In altre circostanze, la Germania non avrebbe fornito questi veicoli corazzati, ma la necessità di rinforzare in qualche modo le deboli unità corazzate dell'alleato ungherese la portò a prendere questa decisione.

Dieci unità di Tiger I di sPzAbt.503 o sPzAbt.509 furono consegnate nel luglio 1944 agli ungheresi per ferrovia. Altre tre unità furono consegnate dai tedeschi come regalo.
Questi carri armati furono utilizzati in battaglie difensive contro i sovietici, nelle quali dimostrarono il loro valore. Alla fine del luglio 1944, avevano già subito 7 perdite in queste sanguinose battaglie, ma soprattutto a causa della mancanza di carburante che li costrinse ad abbandonare i carri armati. A loro merito, erano riusciti a distruggere almeno 22 carri armati sovietici durante questo periodo.

13) T-34/76
C'è una fotografia che mostra un carro armato T-34/76 di origine sovietica con strisce nei colori ungheresi. Si tratta di un veicolo catturato che è stato utilizzato occasionalmente dalle unità ungheresi in numero ridotto. Ci sono anche fonti che menzionano il modello T-34/85 tra quelli catturati dall'Ungheria.

14) Hotchkiss H-35/H-39
Alcuni esemplari di questo carro armato di fabbricazione francese furono poi utilizzati dall'esercito ungherese. Provenivano dalla Germania, che li aveva presi come bottino di guerra dopo la conquista della Francia. La loro scarsa capacità di combattimento li relegò a compiti antipartigiani.

15) Altro
Durante l'invasione dell'URSS, alcuni veicoli corazzati sovietici minori caddero in mani ungheresi, idonei all'uso. Il loro utilizzo successivo non fu solitamente per il combattimento, ma come trattori. Tra questi, gli oltre sei BT-7 e T-26 catturati negli anni 1941-1942. Sempre nello stesso periodo, tra i 4 e i 6 BA-6 furono ottenuti come bottino di guerra.

Tabella di confronto dei carri armati principali di origine straniera:

	ORIGINE	MEMBRI EQUIPAGGIO	PESO (tonnellate)	ARMA PRINCIPALE	VELOCITÀ Km/h	BLINDATURA PRINCIPALE (mm)
Pz 38	CECOSLOVACCHIA		10.5	37 mm	42	50
Pz IIIM	GERMANIA	5	21.1	50 mm	40	70
Pz IV F1	GERMANIA	5	22.3	75 mm	42	80
Pz IV F2	GERMANIA	5	23.6	75 mm	40	80
Pz IV H	GERMANIA	5	26	75 mm		80
PZ V A	GERMANIA	5	44.8	75 mm	55	110
Pz VI	GERMANIA	5	56.9	88 mm	45	100

CARRI ARMATI DI FABBRICAZIONE UNGHERESE

1) Carro armato leggero V4 Straussler
Di questo carro armato con un cannone da 23 mm fu costruito solo un prototipo e l'idea di una produzione in serie fu abbandonata nel 1937. Nonostante la produzione nazionale (Manfred Weiss), il suo rivale e sostituto doveva essere un nuovo carro armato basato sul Landsverk L-60 svedese, chiamato Toldi.

2) Carro armato leggero Toldi (modelli 38M, 41M, 42M e 43M)

Nel 1937, il governo ungherese indisse una gara tra tre modelli di carri armati leggeri per scegliere quello che avrebbe costituito il nucleo delle sue forze corazzate e che sarebbe stato prodotto nelle industrie ungheresi. I concorrenti erano lo Straussler, il Pz I tedesco e il Landsverk L-60 svedese. Il vincitore fu quest'ultimo, in parte per il suo sviluppo avanzato per l'epoca e per le sue eccellenti caratteristiche.

Una volta scelto, gli ungheresi richiesero una serie di modifiche al modello originale per renderlo più adatto alle loro esigenze. Tra queste, la ventilazione, le sospensioni, il sistema di mira e la trasmissione, ma la più importante fu l'adozione del cannone anticarro Solothurn 36M da 20 mm, accompagnato da una mitragliatrice coassiale da 8 mm (34/37 AM) e da una radio R-5. Il cannone aveva una gittata di circa 2.000 metri e disponeva di 208 proiettili con una velocità di uscita di 735 mm. Il cannone aveva una gittata di circa 2.000 metri e disponeva di 208 proiettili con una velocità di uscita di 735 m/sec. La cadenza di fuoco era di 30-35 colpi al minuto e la capacità di penetrazione era di 20 mm a 100 metri e di 16 mm a 500 m a 30°.

Oltre alla limitata potenza di fuoco, un altro grosso handicap era rappresentato dalla limitata corazzatura del carro armato, più adatta agli attacchi della fanteria che a quelli di altri veicoli corazzati.

Il nuovo carro armato fu chiamato 38M Toldi I (dal nome del guerriero ungherese del XIV secolo Miklos Toldi) e la sua produzione su licenza fu ordinata alle fabbriche MÁVAG e Ganz. Ma le prime unità usciranno dalle fabbriche solo molto più tardi, i primi due esemplari nel febbraio 1940, mentre il primo ordine per 20 unità da parte del Ministero della Difesa ungherese avverrà solo nel giugno 1940.

Il 38M Toldi I, sebbene prodotto in Ungheria, aveva ancora diverse parti che dovevano essere procurate dalla Svezia e dalla Germania; ciononostante, raggiunse una produzione totale di 80 unità tra il 1940 e il 1941.

Dopo il 38M e a causa delle numerose modifiche che gli ungheresi apportarono ai nuovi carri armati, i successivi 110 esemplari prodotti tra il 1941 e il 1942 (68 da Ganz e 42 da MÁVAG) ricevettero la denominazione di 41M Toldi II. Questi esemplari presentavano alcuni miglioramenti rispetto al modello precedente, come la radio R-5/a e soprattutto ogni singolo pezzo era prodotto in Ungheria.

Dopo tutte le modifiche apportate nel corso dei mesi, era difficile distinguere un Todi I da un Toldi II, se non per l'antenna di diversa fattura.

Le mediocri prestazioni in combattimento del Toldi vennero migliorate aumentando la potenza di fuoco e la corazzatura (questo miglioramento non poté essere portato a termine in modo adeguato perché venne valutata l'incapacità del motore di far fronte all'aumento di peso). Così nel 1943 apparve il nuovo modello 42M Toldi IIa, che passò da un cannone da 20 mm a uno da 40 mm (il 37/42M MÁVAG, che era una licenza del Bofors da 40 mm), e sebbene il miglioramento fosse evidente, era ancora del tutto insufficiente per competere con i rivali sovietici. Infatti, per questo nuovo modello furono utilizzati 80 Toldi II, riarmati con il nuovo cannone e con altre modifiche meno importanti. Un'altra modifica significativa fu la sostituzione della mitragliatrice con la Gebauer 34/40AM.

Il nuovo pezzo d'artiglieria richiese alcune modifiche alla torretta del Toldi II, lasciando al carro una capacità di 55 proiettili da 40 mm. Anche in questo caso, si trattava di uno dei talloni d'Achille del carro armato, poiché la sua capacità di penetrazione era di soli 30 mm a 1000 m di distanza con un angolo di 30° e di 64 mm a 100 metri con lo stesso angolo. Tra le sue caratteristiche c'erano la velocità di uscita dei proiettili di 800 m/s e la capacità di spararne 16 in un minuto.

La velocità raggiunta da una Toldi con il suo motore da 155-160 CV, salvo piccole variazioni a seconda del modello, era di 47-50 km/h su strada; con un'autonomia compresa tra 190 e 220 km.

Come già accennato, l'altro punto debole del veicolo era la sua corazzatura, sempre insufficiente per far fronte ai pezzi di medio e grosso calibro utilizzati dai sovietici (ricordiamo che il frontale aveva uno spessore di soli 35 mm). Nonostante i tentativi di miglioramento, come l'aggiunta di minigonne laterali da 5-8 mm (köténylemez in ungherese), alla fine si trattava solo di piccoli ritocchi che non aumentavano in modo significativo la sopravvivenza del veicolo in combattimento.

L'obsolescenza del Toldi IIa, nonostante le modifiche, fu aggravata dalla lentezza con cui queste avvennero. Infatti, sebbene la conversione sia iniziata all'inizio del 1943, non è stata completata fino al 1944.

L'esercito ungherese chiedeva una soluzione che potesse portare definitivamente il Toldi a un livello di combattimento superiore, utilizzandolo esclusivamente come veicolo blindato da ricognizione. In risposta a questa richiesta, l'industria ungherese progettò un ulteriore miglioramento del veicolo, chiamato Toldi III 43M, in cui furono potenziate la corazzatura e la capacità di munizioni. Tuttavia, la situazione bellica limitò ulteriormente la capacità industriale ungherese e, insieme alla decisione del governo ungherese di promuovere altri progetti, fece sì che solo 12 esemplari del nuovo Toldi potessero essere messi in servizio. L'azienda Ganz fu incaricata di riprogettarlo con una corazza frontale di 35 mm (sia sullo scafo che sulla torretta), una corazza laterale di 25 mm sulla torretta e una corazza laterale di 20 mm sullo scafo. Il calibro dei cannoni rimase lo stesso del Toldi IIa, anche se la torretta fu aumentata di dimensioni.

In ogni caso, i Toldi si dimostrarono utili solo in ruoli di ricognizione, collegamento o sicurezza nelle retrovie, in quanto erano facili prede del fuoco nemico e dei danni in prima linea; per questo motivo, dopo il 1941, i Toldi in formazioni corazzate furono utilizzati solo come veicoli da ricognizione.

La produzione totale del Toldi nei suoi diversi modelli raggiunse le 202 unità, che dovettero cambiare il suo ruolo all'interno delle forze corazzate ungheresi da carro armato principale a semplice veicolo corazzato da ricognizione.

Come per molti carri armati, dal suo telaio furono sviluppate un paio di varianti per dare una seconda vita a veicoli ormai obsoleti.

La prima di queste varianti è nata da 9 Toldi I modificati per fornire assistenza medica in prima linea (in questo caso mantenendo il cannone funzionale ma con meno munizioni). Questi veicoli furono modificati nel 1942 e denominati 43M Toldi Egészségügyi (medici). Secondo Becze, 4 veicoli furono convertiti nel 1942 e 9 tra il 1943 e il 1944. Caratteristicamente, erano equipaggiati per trasportare due barelle e avevano porte allargate per facilitare l'accesso. Furono incorporati nella 2ª Armata, dove operarono in prima linea.

▲ Un Toldi IIAK con minigonne laterali che ne aumentarono la durata nelle missioni di combattimento, anche se fu sempre inferiore ai cannoni anticarro sovietici.

Proseguendo con la storia del carro armato Toldi, è necessario fare riferimento a due evoluzioni del carro armato che, nonostante l'interesse iniziale, non portarono alla loro produzione in serie: il Toldi PaK 40 L/48 e il Toldi con lanciarazzi 44M Buzogányvető.

Toldi PaK 40 L/48

Avendo avuto in prestito diversi Marder tedeschi tra il 1942 e il 1943, che avevano più che dimostrato il loro valore, uno di questi fu inviato all'Istituto ungherese di tecnologia militare per essere testato e studiato nei dettagli prima di essere restituito. Sulla base di queste conoscenze, l'obiettivo era quello di costruire un "Marder ungherese", un cacciacarri basato sul telaio del Toldi, solo con una struttura aperta che ospitava un cannone tedesco PaK 40 da 75 mm L/48 non rotante. Il prototipo fu sviluppato da Ganz nell'autunno del 1943 a partire da un Toldi I in riparazione.

Questo sostituto del Marder presentava diversi svantaggi che ne fecero rifiutare la produzione in serie, quali: la scarsa corazzatura, resistente solo al fuoco dei fucili, la debolezza del sistema di assorbimento degli urti del Toldi I, l'altezza eccessiva e la larghezza ridotta, che lo rendevano instabile, e soprattutto il fatto che l'industria ungherese si era concentrata sulla famiglia Turán e sugli Zrínyi, il che significava che non poteva permettersi nessun altro veicolo indigeno.

Toldi con lanciarazzi 44M Buzogányvető

Nel disperato tentativo di aumentare la potenza dell'artiglieria ungherese, l'industria ungherese aveva lavorato alla progettazione di un razzo simile a quelli utilizzati dai tedeschi. Questo razzo fu chiamato 44M Buzogányvető (dopo l'occupazione tedesca dell'Ungheria, il 16 ottobre 1944, sarebbe stato ribattezzato "Szálasi-röppentyű", come il "volantino Szálasi" dal nome del leader del partito della Croce Frecciata).

Di questo lanciarazzi da 100 mm sono stati sviluppati due tipi: un razzo anticarro (HEAT: high explosive anti-tank) con il soprannome di Buzogány (mazza); e un secondo modello antiuomo chiamato Zápor (pioggia).

▲ Unica immagine conosciuta del "Marder" ungherese. Nonostante il cannone non rotante da 75 mm PaK 40 L/48, essendo basato su un Toldi I, era scarsamente corazzato.

Il primo prototipo del Buzogány fu prodotto e testato nella primavera del 1944. Trasportava una testata esplosiva del peso di circa 4 chili e poteva penetrare 300 mm di corazza o di cemento, rendendolo capace di attaccare qualsiasi carro armato sovietico a una distanza compresa tra 500 e 1200 metri.

La prima possibilità di utilizzo fu quella di utilizzare un supporto a tre gambe, che però non consentiva di spostarlo con agilità. Successivamente vennero utilizzate come supporti le armi catturate ai sovietici, come le basi su ruote delle mitragliatrici sovietiche Maxim o dell'SG-43 Goryunov. Si trattava chiaramente di un miglioramento, ma l'obiettivo era quello di dare a questa nuova arma la massima capacità.

Il passo successivo era l'utilizzo di veicoli per supportare il lanciarazzi: una possibilità era l'autocarro Krupp Protze, a cui si sarebbe dovuto aggiungere l'Opel Blitz o l'ungherese Rába Botond.

Circa 600-700 di questi lanciarazzi furono prodotti dalle industrie WM prima della resa ai sovietici. La maggior parte di essi fu utilizzata per la difesa della capitale ungherese.

Dopo aver studiato le possibilità di veicoli di supporto per lanciarazzi, sono stati valutati due veicoli corazzati: il Toldi e il Nimród.

Almeno un Toldi II è stato preparato con un supporto a razzo. Fortunatamente esiste una fotografia che, sebbene non sia di buona qualità e non sia stata scattata con una buona angolazione, dà un'idea di come poteva apparire. Per quanto riguarda il Nimród, secondo una fonte (Béla Toronyi, che lavorava come meccanico dove venivano effettuate queste modifiche) nel 1944 almeno 2-3 telai di Nimród furono modificati per supportare il lanciarazzi. Secondo la stessa fonte, due veicoli con il Buzogányvető incorporato parteciparono a una battaglia ciascuno, entrambi distrutti durante il combattimento.

3) 40/43M Turan

Questo carro armato di costruzione ungherese era basato su un prototipo cecoslovacco chiamato T-21 (ex Skoda S-IIc). Dopo l'invasione della Cecoslovacchia, questo prototipo (così come molti altri) fu studiato dai tedeschi, che alla fine lo rottamarono per utilizzarlo a loro volta.

Verso la fine di maggio del 1940, la Germania autorizzò la produzione su licenza del T-21 in Ungheria. Nel giugno dello stesso anno, un prototipo del T-21 fu inviato in treno in Ungheria con l'equipaggio e i meccanici cechi, per essere testato al campo di prova di Hajmáské.

Gli ingegneri ungheresi apportarono una serie di modifiche al modello originale, come la sostituzione del cannone originale da 47 mm con un cannone da 40 mm (nello specifico un 40 mm L/45 con una velocità alla volata di 800 m/s e una cadenza di fuoco di 16 colpi al minuto; era una variante del cannone anticarro ungherese standard e condivideva anche le munizioni con il cannone antiaereo Bofors, anch'esso presente nell'arsenale ungherese). Il proiettile poteva penetrare 64 mm di corazza (a 30° di inclinazione) a 100 metri e 30 mm a 1000 metri con la stessa inclinazione.

Un'altra modifica degna di nota fu la sostituzione delle mitragliatrici ZB-37 con mitragliatrici Gebauer da 8 mm.

Il Turán I entrò in servizio il 28 novembre 1941 e fu ufficialmente chiamato 40.M Turán közepes harckocsi (carro armato medio) e colloquialmente Turán I o Turán 40. Il nome Turán fu dato in omaggio alla patria ancestrale ungherese in Asia centrale.

Il primo prototipo del Turan fu realizzato da Manfred Weiss l'8 luglio 1941. A causa di problemi alle sospensioni e alla trasmissione, la produzione in serie fu ritardata fino all'inizio del 1942. Molto prima di poter entrare in combattimento, il Turan era completamente obsoleto. Della produzione totale del Turan I, 20 esemplari furono modificati in un carro armato di comando (Turan I P.K.) con una radio aggiuntiva per sostituire parte delle munizioni.

In seguito al programma di modernizzazione Huba dell'esercito ungherese, la produzione

▲ Comando Turán, di cui fu prodotto solo questo prototipo nel 1943.

totale dei carri armati 40M Turán (Turán I) raggiunse i 235 (285 secondo Németh), prodotti dalle industrie Weiss Manfréd (70), Magyar Waggonyár (70), MÁVAG (50) e Ganz (45). Come curiosità, i pezzi di Turán dei vari produttori non erano esattamente uguali.

Nel febbraio 1943, tutti i Turán dovettero essere inviati alle fabbriche in Ungheria per le riparazioni, che durarono diversi mesi.

Già prima che il primo Turan I arrivasse al fronte, era chiaro che sia la corazzatura che l'armamento erano del tutto inadeguati a fronteggiare la maggior parte dei blindati sovietici. Per questo motivo nel maggio 1943 apparve il 41M Turan II con alcuni miglioramenti, in particolare la sostituzione della parte principale con un cannone corto da 75 mm sviluppato da MÁVAG, che era chiaramente insufficiente per metterlo alla pari con i carri armati sovietici, dato che la bassa velocità del proiettile non era in grado di perforare la corazza frontale di un T-34 se non a distanza quasi a bruciapelo. Quindi il 75 mm (basato sul Böhler da 76,6 mm, ricalibrato dal Bofors) non era molto più efficace del 40 mm del Turan I.

Il Turán II era conosciuto anche come Turán 75 rövid (corto), Nehéz Turán (Turán pesante) o semplicemente T-75.

Tra il 1943 e il 1944 vennero prodotti circa 139 Turán II (secondo Németh si parla di 182-185 carri armati, compresi alcuni Turán Is che vennero aggiornati al livello Turán II). Dopo l'occupazione tedesca dell'Ungheria, il 19 marzo 1944, la produzione rallentò e si limitò esclusivamente alla produzione di pezzi di ricambio (ma non di nuovi veicoli) e fu infine interrotta nell'estate del 1944 per ordine tedesco, terminando la produzione poco prima dell'invasione tedesca dell'Ungheria.

Un altro sviluppo fu il 43M Turán III, la cui caratteristica principale era la torretta modificata con l'aggiunta di un lungo pezzo da 75 mm (una copia ungherese del Pak 40 tedesco da 7,5 cm, chiamato 75 mm 43 M L/55), oltre a una maggiore corazzatura. Poiché non era possibile incorporare questo pezzo nella stessa torretta del Turán I o II, fu necessario riprogettarla, risultando non solo più larga e più lunga, ma anche più alta, con i conseguenti problemi di occultamento del carro armato. Nel febbraio 1944 fu costruito un solo prototipo del Turán III, che rappresentava l'apice dell'evoluzione del carro armato ungherese e, se fosse stato prodotto in serie, sarebbe stato un serio rivale dei sovietici.

La corazzatura massima sulla parte anteriore del Turan era di 50 mm, che saliva a 60 mm sui modelli successivi. Nelle altre parti del carro armato la corazza variava da 8 a 25 mm nelle parti orizzontali e da 25 a 40 mm nelle parti verticali. In ogni caso, si trattava di una protezione irrisoria contro i cannoni da 76,2 o 85 mm dei sovietici. Si cercò di alleviare il problema copiando i tedeschi nell'uso di gonne corazzate sulla torretta e sui fianchi, con un successo minimo. Nel caso del Turan III, la corazza anteriore sarebbe stata di 80 mm e le gonne laterali di 8 mm sarebbero state standard.

La conversione più importante di Turán fu quella di Zrínyi, che verrà discussa separatamente per la sua importanza.

Un'ultima variante del Turan è la versione realizzata con un cannone fittizio, destinato all'uso come veicolo di comando.

4) 44M TAS

Il carro armato medio 44M TAS (forse dal nome di un guerriero magiaro del IX secolo) fu l'ultimo tentativo di risolvere una volta per tutte il problema dell'inferiorità dei carri armati ungheresi rispetto alle loro controparti tedesche o sovietiche. Questa volta, basandosi in parte sulle lezioni apprese dalla valutazione del carro armato tedesco Panther, l'obiettivo era quello di produrre un carro armato indigeno con protezione e armamento adeguati, in grado di distruggere qualsiasi nemico potesse incontrare. Sebbene il primo tentativo del governo ungherese sia stato quello di acquisire i diritti di licenza del Panther, questa possibilità è stata rifiutata dai tedeschi. In seguito, un piccolo numero di Panther fu integrato nelle forze corazzate ungheresi dopo essere stato deviato dalla destinazione originaria della Romania (in seguito al cambio di schieramento del Paese).

Il TAS trasportava un cannone da 75 mm (il tedesco KwK 42L/70) e due mitragliatrici da 8 mm e la sua corazza frontale aveva uno spessore di circa 100-120 mm. La sua velocità massima su strada raggiungeva i 48 km/h e l'equipaggio era di cinque uomini.

Nel complesso, il TAS sarebbe stato un degno rivale dei carri armati sovietici, se fosse entrato in produzione di serie. Ma solo un prototipo fu costruito nel marzo 1944, senza ulteriore continuità produttiva, soprattutto a causa della parziale distruzione delle Industrie Weiss dopo il bombardamento americano del 27 luglio 1944. Il conflitto successivo impedì ulteriori sviluppi.

Sulla base del telaio TAS, fu sviluppato un progetto di tank destroyer, proprio come lo Jagdpanther per il Panther.

Tabella di confronto tra i principali carri armati ungheresi:

	ORIGINE	MEMBRI EQUIPAGGIO	PESO (tonnellate)	ARMA PRINCIPALE	VELOCITÀ Km/h	BLINDATURA PRINCIPALE (mm)
Toldi I	UNGHERIA		8.7	20 mm	50	
Toldi II	UNGHERIA		8.7	20 mm	50	
Toldi IIa	UNGHERIA		9.35	40 mm		
Toldi III	UNGHERIA		9.45	40 mm	45	35
Turan I	UNGHERIA	5	18.2	40 mm		50
Turan II	UNGHERIA	5	19.2	75 mm	45	50
Turan III	UNGHERIA	5		75 mm	40	80
TAS	UNGHERIA	5		75 mm	48	120

CANNONI SEMOVENTI DI FABBRICAZIONE STRANIERA

1) Marder II Ausf.A/B/C/F

Questo cacciacarri tedesco era basato sul telaio del Pz II (nei suoi vari modelli A/B/C/F). Con il suo potente cannone da 75 mm, e nonostante le poche unità affittate all'Ungheria dalla Germania, si dimostrò una delle migliori armi controcarro che i magiari furono in grado di schierare contro i sovietici.

Il suo difetto principale era la scarsa corazza di 30 mm e il fatto che non avesse una torretta ma un abitacolo aperto.

La soddisfazione ungherese per questo veicolo spinse a sviluppare il "Marder ungherese".

Secondo Bernád, almeno una copia di Marder III sarà consegnata ai magiari nell'ottobre 1944.

2) StuG III Ausf.G

Uno dei più versatili cannoni d'assalto utilizzati dai tedeschi entrò anche nell'arsenale dei magiari. Furono consegnati all'Ungheria 50 esemplari (secondo Károly Németh, il numero sarebbe salito a 60, di cui 20 solo temporaneamente controllati dai magiari), che nel 1944 permisero al 7° Battaglione cannoni d'assalto della 1ª Divisione corazzata ungherese di essere equipaggiato con 40 esemplari, oltre ad altre unità che prestavano servizio nella 2ª Divisione corazzata. Lo StuG III era dotato di un cannone lungo StuK L/48 (Ausf.G) da 75 mm e, sebbene originariamente destinato a un cannone d'assalto, a questo punto del conflitto fu utilizzato principalmente come distruttore di carri armati, con grande efficacia. Ciò fu ampiamente dimostrato quando, insieme agli Zrínyi, riuscirono a distruggere almeno 67 carri armati sovietici il 9 ottobre 1944 con la perdita di soli 10 StuG III durante la battaglia di Szentes.

3) Jagdpanzer 38(t) Hetzer

Il Reich tedesco dovette rafforzare la capacità corazzata ungherese, in via di estinzione, vendendo 130 esemplari di questo versatile distruttore di carri armati leggeri tra il 1944 e il 1945. Con il suo cannone L/48 da 75 mm e la mitragliatrice da 7,92 mm, combatté con grande successo le ultime battaglie difensive in Ungheria, venendo infine sopraffatto dalle truppe sovietiche. Il numero di questi veicoli ricevuti dall'Ungheria variava da 75 a 150, utilizzati esclusivamente nelle fasi finali della guerra, dove regnavano distruzione e caos. Quest'ultimo fatto è il motivo per cui esiste una scarsa documentazione del loro utilizzo da parte dei magiari.

Come curiosità, le prime unità di questo veicolo fornite dai tedeschi andarono alla 1ª Divisione di cavalleria in Polonia nell'agosto 1944.

Gli ultimi Hetzer ricevuti dai magiari furono ricevuti nel gennaio 1945, quando 25 (e forse altri 16) furono consegnati dai tedeschi in considerazione della piega che avevano preso gli eventi in territorio magiaro.

Tabella comparativa dei principali carri armati d'assalto tedeschi:

	ORIGINE	MEMBRI EQUIPAGGIO	PESO (tonnellate)	ARMA PRINCIPALE	VELOCITÀ Km/h	BLINDATURA PRINCIPALE (mm)
Marder II	GERMANIA		10.8	75 mm	40	35
StuG III	GERMANIA		23.9	75 mm	40	80
Hetzer	GERMANIA			75 mm	42	

CANNONI SEMOVENTI DI FABBRICAZIONE UNGHERESE

1) 40/43M Zrínyi II

Questo sviluppo del carro armato Turán ebbe origine dal tentativo dell'industria ungherese di trovare un rivale adatto ai sovietici con un minor grado di difficoltà nella sua fabbricazione. Fondamentalmente lo spirito dello Sturmgeschütz III tedesco fu copiato e sviluppato dal carro armato Pz III. Come per lo StuG III, l'idea ungherese era di sviluppare due varianti: una con cannone d'assalto che trasportava un obice da 105 mm e l'altra con cannone anticarro da 75 mm (rispettivamente Zrínyi II e Zrínyi I); in entrambi i casi il telaio su cui sarebbero stati montati sarebbe stato quello del carro armato Turán. Lo Zrínyi II era chiamato anche obice d'assalto Zrínyi 105, mentre lo Zrínyi I era chiamato cannone d'assalto Zrínyi 75. Il nome Zrínyi è in onore di Nikolaus Graf Zrínyi, un eroe nazionale morto nella battaglia di Szigetvár contro i Turchi nel 1566.

La versione prototipo del cannone d'assalto fu testata il 12 dicembre 1942 e accettata per la produzione in serie il 20 gennaio 1943.

Lo Zrinyi II (40/43M Zrinyi II) raggiungeva i 43 km/h su strada e trasportava un obice da 105 mm (40/43M L/20,5), che era una versione per carri armati dell'obice da campo da 105 mm 40M. Nonostante il suo calibro, trattandosi di un obice, il proiettile aveva una bassa velocità di uscita (448 m/sec) che gli conferiva una certa capacità contro corazzati come il T-34, ma minima contro i carri armati pesanti Stalin o ISU-152 e i tank destroyer.

Un'ultima osservazione sullo Zrínyi II riguarda il tipo di proiettile utilizzato. Inizialmente, le caratteristiche di un obice a canna corta erano tutt'altro che ideali per affrontare i corazzati nemici. Ma l'industria degli armamenti ungherese iniziò a lavorare per rimediare, almeno in parte, a questa situazione. Il passaggio dal proiettile HE 38/33M da 105 mm (che era una granata a frammentazione) al proiettile HEAT 42M da 105 mm (esplosivo anticarro) migliorò l'efficacia dello Zrínyi II, aumentando in un certo senso la sua sopravvivenza sul campo di battaglia (poiché non aveva bisogno di distanze così ravvicinate dal nemico per sparare).

L'armamento protettivo comprendeva una mitragliatrice coassiale da 8 mm (34/40M).

Un'altra possibilità di armamento presa in considerazione in Ungheria fu quella di equipaggiare lo Zrínyi II con il lanciarazzi Nebelwerfer 41 da 150 mm. Questi avrebbero svolto una missione simile a quella del Nebelwerfer dell'esercito tedesco sull'Opel Maultier, consentendo grandi movimenti e potenza di fuoco. Anche questa opzione di armamento non fu sviluppata alla fine.

Per quanto riguarda la protezione passiva, questo carro armato aveva una corazza frontale di 75 mm, da 13 a 25 mm nelle aree orizzontali e da 25 a 40 in quelle verticali; fu aggiornato

▲ Immagine dell'unico prototipo di Zrínyi I armato con un cannone da 75 mm presso il deposito militare di Tüzérszertár. Dietro si vede uno Zrínyi II con obice da 105 mm.

allo stesso modo del Turan, con minigonne laterali (anche se con un disegno a rete che non aumentava eccessivamente il peso del veicolo, simile alla corazza tedesca Von Thoma).
La produzione iniziale dello Zrinyi II fu di 40 esemplari nel 1943, seguita da un ordine di produzione per 104 esemplari. Ma il corso della guerra limitò la produzione finale a circa 60 veicoli (forse 66 se Ganz fosse riuscito a consegnarne altri sei tra agosto e settembre 1944). Secondo Becze, ne sarebbero stati prodotti 72 in totale, anche se è difficile verificare questo numero. La causa fu ancora una volta il bombardamento alleato delle Industrie Manfred nel luglio 1944, che portò al completo arresto della produzione dopo aver distrutto la maggior parte delle infrastrutture.

2) 44M Zrínyi I

Per quanto riguarda il cacciacarri 44M Zrínyi I, si può solo dire che non andò mai oltre lo stadio di prototipo, completato nel febbraio 1944. La produzione era stata fissata per il giugno 1944 a causa di alcuni problemi meccanici del prototipo, ma le industrie Manfred e Ganz, bombardate, non furono in grado nemmeno di tentare la produzione, che fu quindi rimandata all'autunno del 1944. In realtà non si fecero ulteriori progressi e già dall'autunno del 1944 si persero le tracce dell'unico esemplare costruito. Se l'Ungheria avesse avuto il 44M Zrínyi I, questo potente distruttore di carri armati sarebbe stato senza dubbio un serio avversario per i veicoli corazzati sovietici e per certi versi avrebbe fatto pendere la bilancia dei combattimenti a favore degli ungheresi.

3) Tas 44 M Röhamloveg (fucile d'assalto Tas)

Questo cacciatorpediniere era un progetto basato sul montaggio di un cannone tedesco KwK 43 L/71 da 88 mm in una casamatta sul telaio di un carro armato medio Tas 44 M. Fu nel 1944, mentre lo sviluppo del carro armato Tas 44M progrediva, che gli ingegneri ungheresi decisero di sviluppare un cacciatorpediniere molto avanzato. Nella sua progettazione fu prestata grande attenzione alla sua silhouette, che era molto bassa, consentendogli

▲ Soldati ungheresi guardano con curiosità i carri armati polacchi che si sono rifugiati in Ungheria dai tedeschi. Questi carri armati erano uno sviluppo polacco del carro armato britannico Carden-Lloyd. Gli ungheresi utilizzarono 20 unità ex-polacche: 9 TK-3, 7 TKS e 4 TKS.

di rimanere inosservato dai nemici più a lungo. Sarebbe diventato anche un'arma preziosa nelle imboscate e nei combattimenti difensivi. Oltre alla potente arma principale, possedeva due mitragliatrici difensive.

La Weiss Manfréd fu incaricata di produrre i due prototipi ordinati. Tuttavia, sebbene alcuni componenti siano stati prodotti, non si sono mai concretizzati per le stesse ragioni del carro armato Tas 44 M. Infatti, secondo studi recenti, come quello di Károly Németh, non ci sono prove che non il prototipo, ma nemmeno parti del carro armato Tas siano state assemblate.

CARRI ARMATI DI PRODUZIONE UNGHERESE

1) 39/40M Csaba

Uno dei primi veicoli corazzati di produzione ungherese ad essere ampiamente utilizzato negli Honved fu il carro armato Csaba. Nel 1935, l'ingegnere Michael Straussler, con il supporto di Manfred Weiss, sviluppò un veicolo blindato da ricognizione 4 x 4 con una doppia posizione di guida (anteriore e posteriore). Dopo diverse prove in cui il Csaba gareggiò con altri modelli di produzione straniera, l'esercito ungherese diede il via libera alla produzione in serie. La designazione ufficiale era 39 M Csaba (dal nome del figlio di Attila l'Unno) ed era assegnato alle unità di ricognizione ungheresi.

L'armamento principale era costituito dal cannone Solothurn 36M da 20 mm e da una mitragliatrice da 8 mm, entrambi posizionati in una torretta centrale. Una seconda mitragliatrice era posizionata nel portello di poppa per la protezione antiaerea, con la possibilità di essere utilizzata dall'equipaggio per la ricognizione a piedi.

Nel 1939 furono ordinati 61 veicoli, seguiti da altri 20 nel 1940, anche se questi ultimi furono designati 40M Csaba in quanto costruiti in versione comando. Quest'ultimo modello non aveva il cannone, quindi la torretta era più piccola, ma aveva un equipaggiamento radio più potente. La produzione finale tra il 1939 e il 1944 raggiunse 145 veicoli, 105 39 M e 40 40 M. Le sue prestazioni di ricognizione erano eccellenti, anche se pagavano a caro prezzo la debolezza della sua corazzatura. Alla fine del 1941, oltre il 90% dei veicoli prodotti era stato distrutto. Da quel momento in poi, il suo impiego in combattimento fu ridotto e venne utilizzato in numero ridotto da varie unità.

CARRI ARMATI DI PRODUZIONE STRANIERA

1) 35M Ansaldo

Questo carro armato italiano, sviluppato nel 1935 dalla FIAT e conosciuto popolarmente come Ansaldo, era armato con due mitragliatrici da 8 mm. Circa 120 esemplari servirono sotto la bandiera ungherese (152 secondo Becze). Nonostante le aspettative riposte nel loro utilizzo, divenne presto chiaro che il loro design era obsoleto e che erano estremamente vulnerabili in combattimento. Ciò significava che dovevano essere utilizzati per compiti secondari per salvaguardarli. Come curiosità, uno degli esemplari ricevuti fu preparato come veicolo lanciafiamme.

2) TKS
Questo carro armato era uno sviluppo polacco del carro armato britannico Carden-Lloyd. Gli ungheresi utilizzarono 20 esemplari ex-polacchi: 9 TK-3, 7 TKS e 4 TKS. Il suo utilizzo principale era per l'addestramento o come compagno dell'Ansaldo.

3) T-27
Il T-27 era una versione sovietica del carro armato britannico Carden-Loyd, armato con una mitragliatrice DT da 7,62 mm o DsHK da 12,7 mm. Alcuni esemplari (più di 10) furono messi in servizio con l'esercito ungherese come trattori di artiglieria o per scopi di addestramento dopo essere stati catturati dai sovietici sul fronte orientale durante l'invasione dell'URSS.

ALTRI VEICOLI BLINDATI DI FABBRICAZIONE UNGHERESE

1) Veicolo corazzato antiaereo 40M Nimród
L'esercito ungherese, dopo i combattimenti per l'annessione di parte della Slovacchia, ha toccato con mano l'importanza di un'adeguata protezione antiaerea. Inoltre, in vista della creazione di una nascente forza corazzata rapida, tale protezione antiaerea non poteva essere solo statica, ma si doveva creare un veicolo che potesse seguire le unità mobili con adeguata velocità. Il risultato di tali richieste fu il Nimród, anche se il primo veicolo scelto per svolgere questa missione fu il veicolo antiaereo L-62 di origine svedese. Derivato dal Landsverk L-60 (prodotto su licenza in Ungheria come 38M Toldi I), questo veicolo poteva essere facilmente integrato nella produzione nazionale di veicoli corazzati. Dopo aver formalizzato la situazione con il governo svedese nel dicembre 1940, il risultato fu un veicolo simile all'L-62 che sarebbe stato prodotto da Ganz su licenza come 40M Nimród.

La produzione iniziò immediatamente, con un massimo di 135 esemplari prodotti tra il 1940 e il 1943. Il 40M Nimród fu una vera e propria rivoluzione nel mondo dei blindati, poiché con il suo cannone a cielo aperto da 40 mm (il 36M Bofors L/60), era in grado di svolgere sia la missione antiaerea che quella anticarro (in Germania, mentre venivano prodotti i primi 40M Nimród, era disponibile solo il Flakpanzer I Ausf.A armato con un cannone da 20 mm).

L'altra richiesta dell'Ungheria per questo veicolo era che fosse all'altezza della velocità dei veicoli corazzati dell'esercito ungherese, cosa che ha soddisfatto perfettamente, raggiungendo una velocità di 47-50 km/h con un'autonomia di 30 km.

Una peculiarità del cannone che trasportava era l'elevata cadenza di fuoco, che raggiungeva i 120 colpi al minuto con una velocità di uscita del proiettile di 881 m/sec (anche se il carico medio dell'armamento era di 160 proiettili).

Durante l'impiego in combattimento, dimostrò che, nonostante il suo design antiaereo, poteva essere molto efficace contro le corazze leggere e in alcuni casi medie, penetrando corazze da 46 mm a 100 metri e da 30 mm a 1000 metri. Contro di essa, era scarsamente corazzato (28 mm nel tetto e 13 mm nelle aree verticali) e la sua torretta aperta gli conferiva un'alta silhouette.

Con il progredire del conflitto e il miglioramento dei mezzi corazzati sovietici, il 40M Nimród continuò a dimostrare la sua potenza contro i veicoli leggeri nemici, la fanteria o la cavalleria. Si cercò di migliorare la potenza di fuoco dei Nimród equipaggiandoli con il Kerngranate 42M, che permetteva di sparare granate anticarro esplosive a carica cava da 15 cm (il Nimród con la granata anticarro stabilizzata ad alto esplosivo 42/aM). Si trattava di un'arma ad avancarica simile al funzionamento di una granata sparata da un fucile. Questo prototipo non fu portato avanti.

Un altro tentativo di migliorare il veicolo fu quello di dotarlo di un cannone da 80 mm, ma questo progetto non ebbe seguito. Il Ministero della Difesa ungherese considerò la possibilità di utilizzare il cannone antiaereo da 29.M da 80 mm o il cannone da campo da 18.M da 80 mm sul telaio del Nimród, per fornire un potente distruttore di carri armati in grado di arrecare danni considerevoli a qualsiasi corazzata che i sovietici potessero schierare in prima linea. Ma mentre si cercava di "incastrare" alcune parti, nel settembre 1940 ci si rese conto che sia la velocità del cannone antiaereo che il suo rinculo erano troppo elevati perché il telaio su cui doveva essere montato potesse sopportarli. Ciò rese necessario scartare questa opzione a favore del cannone da campo, che di per sé presentava il limite di non poter essere incorporato in una torretta con rotazione di 360º, ma piuttosto inserito nel telaio con una deviazione laterale di circa 30º a destra e altri 30º a sinistra, oltre a -10º e 30º in verticale. Era stato proposto di dotarlo di una corazza di circa 50 mm e di un sistema di caricamento semiautomatico, ma tutto ciò ne aumentò il costo e il progetto fu infine cancellato nel febbraio 1942. Infine, va ricordato che la variante Nimród del Nimród, che trasportava il lanciarazzi 44M Buzogányvető, è già stata trattata nella sezione sui Toldi.

▲ Due Turán II distrutti, ma ancora con le gonne laterali quasi intatte, vengono preparati per il trasferimento.

2) Portavalori blindato Lehel

Dal Nimród è derivato un pratico veicolo blindato da trasporto chiamato Lehel. La sua nascita fu motivata da una richiesta del 1942 del Ministero della Difesa ungherese, che sottolineava la necessità dell'Ungheria di un veicolo di questo tipo vista l'impossibilità di essere rifornita dalla Germania con il famoso Sd.Kfz.251/1. Nel 1942, Ganz propose un adattamento del Nimród 40M, a cui sarebbe stato rimosso il tetto e adattato alle funzioni di trasporto truppe.

Furono sviluppate due versioni del nuovo veicolo: il Lehel A (trasporto truppe con una capacità di otto fanti e armato con una mitragliatrice) e il Lehel S (trasporto medico con la capacità di trasportare quattro barelle).

Sebbene il progetto completo fosse stato presentato nel 1943, la situazione bellica non permise di sviluppare un progetto così brillante, che sarebbe stato molto utile per i fanti magiari.

Tabella comparativa degli altri veicoli blindati in servizio in Ungheria:

	ORIGINE	MEMBRI EQUIPAGGIO	PESO (tonnellate)	ARMA PRINCIPALE	VELOCITÀ Km/h	BLINDATURA PRINCIPALE (mm)
Zrínyi II	UNGHERIA		21.5	105 mm	40	75
Zrínyi I	UNGHERIA		21.5	75 mm	40	75
Ansaldo	ITALIA		6.8	8 mm	43	40
Csaba	UNGHERIA		5.9	8 mm	65	
Nimrod	UNGHERIA		10.9	40 mm	50	

ALTRI VEICOLI BLINDATI DI FABBRICAZIONE STRANIERA

1) Tatra Koprivnice T-72 (OA vz.30)

L'OA vz. 30, noto anche come T-72, era un veicolo blindato a sei ruote di fabbricazione cecoslovacca, un esemplare del quale cadde nelle mani dell'Ungheria nel 1939.

2) Sd.Kfz.7 (Hansa-Lloyd HL m 10)

Ci sono alcune foto che mostrano l'uso ungherese di alcuni di questi potenti semicingolati. L'esercito ungherese potrebbe aver avuto anche alcuni Sd.Kfz.8 di stazza maggiore rispetto agli Sd.Kfz.7.

3) Sd.Kfz.11 (Hansa-Lloyd HL kl 5) / 37M

Nel 1937 l'Ungheria acquistò dal governo tedesco 74 esemplari del trattore 37M Hansa Lloyd, meglio conosciuto con la designazione tedesca Sd.Kfz.11. Questi furono utilizzati come trattori per i cannoni antiaerei Bofors da 40 mm e gli obici leggeri 37M da 105 mm.

4) Sd.Kfz.251

Anche questo veicolo tedesco in forma di ambulanza, chiamato Sd.Kfz.251/8, faceva parte della flotta corazzata ungherese. Si sa che almeno la 2ª Divisione corazzata ne aveva uno alla fine del 1944, con l'emblema della Croce Rossa. Forse altri Sd.Kfz.251 in versione sanitaria furono utilizzati dai magiari a partire dal 1942.

ALLEGATO 2: I TRENI BLINDATI UNGHERESI

Nel 1920, l'esercito ungherese disponeva di nove treni blindati, residuo dell'epoca imperiale. Nel 1929, cinque di essi vennero demoliti a causa delle loro deplorevoli condizioni, mentre quattro rimasero in servizio. Nonostante ciò, i vertici militari ungheresi consideravano questi treni di grande utilità grazie alla loro imbattibile capacità di percorrere il Paese in lungo e in largo, per cui pensarono di migliorarne le prestazioni sia passive che di armamento.

Così, nel 1938, questi quattro treni, che si trovavano ancora nell'arsenale ungherese, furono modificati e dotati di cannoni da 80 mm come armamento principale. Tra il 1932-1934 questi treni furono blindati e ristrutturati e numerati come segue:

- 101: con un cannone da 80 mm, un cannone da 37 mm, due cannoni anticarro da 20 mm e sei mitragliatrici da 8 mm.
- 102: come sopra.
- 103: come sopra.
- 104: un cannone da 80 mm, un cannone anticarro da 20 mm, due mitragliatrici da 8 mm.

Questi treni blindati sono stati utilizzati indipendentemente da altre unità, partecipando a diverse azioni.

Nel 1938, i treni 101 e 102 parteciparono al recupero dell'Ungheria settentrionale.

Nel 1939, i quattro treni parteciparono all'occupazione dei Carpazi ucraini. In queste azioni, i treni furono decorati, a causa della minima resistenza opposta agli ungheresi.

Nel 1940 tutti i treni parteciparono all'occupazione della Transilvania, anche se solo il treno 102 entrò nella regione.

Nel 1941 tutti i treni parteciparono alle azioni contro la Jugoslavia.

Durante la campagna in URSS non poterono essere utilizzati a causa del diverso scartamento dei binari tra i due Paesi. Tuttavia, furono in grado di utilizzare treni blindati, grazie a quelli catturati dai sovietici in Ucraina. Il gruppo di occupazione orientale utilizzò un treno contro i partigiani a Bryantsk tra il 1942 e il 1944, mentre il gruppo di occupazione occidentale catturò un vecchio treno polacco in Alta Ungheria (che era stato abbandonato nel 1944).

I treni dal 101 al 104 parteciparono alla difesa dell'Ungheria. La 102ª sostenne l'avanzata della 2ª Armata in Transilvania, catturando un importante passaggio ferroviario a Marosbogát, oltre le linee rumene, il 6 settembre 1944. Questo passaggio, con il suo ponte, resistette senza aiuti fino all'arrivo delle truppe della 2ª Divisione corazzata.

Alla fine del 1944 e all'inizio del 1945 i treni parteciparono anche ai combattimenti intorno a Budapest e al lago Balaton. A Budapest, tre treni blindati parteciparono ai combattimenti, con base alla stazione di Keleti. Dalla loro posizione sulle varie diramazioni ferroviarie furono utilizzati come punti di artiglieria grazie ai loro cannoni da 80 mm.

ALLEGATO 3: NUMERO DI VEICOLI BLINDATI IMPIEGATI DAGLI UNGHERESI

Di seguito è riportato un numero approssimativo dei modelli più importanti di veicoli corazzati utilizzati dagli ungheresi durante gli anni della Seconda Guerra Mondiale. Nonostante i vari studi sull'argomento, non c'è unanimità su queste cifre, quindi ci atterremo ai dati più affidabili.

	1939	1940	1941	1942	1943	1944	1945	TOTALE
Panzer I				9				10 (1 nel 1937)
R-35								
M 3 Stuart								
T-11								
Pz 38				108				108
H-35/H-39								
S-35								
Pz III				10	10-12			20-22
Pz IV F1								
Pz IV F2				10				10
Pz IV H						+52	+20	+72
Pz V A						10-12		10-12
Pz VI						10-13		10-13
T-34/76-85			+10					+10
Toldi I-II-IIa	190	Varie modifiche: 80 tipi II diventano IIa						190
Turan I				279				279
Turan II					+180			+180
Marder II			5					5
StuG III						50-60		50-60
Hetzer						75-150		75-150
Csaba	145							145
Ansaldo								120-152 (nel 1935-36)
Nimród		135						135
Zrínyi II					66-72			66-72

BIBLIOGRAFIA

Sconosciuto, *The Royal Hungarian gendarmerie and police during world war II*.

Axworthy, Mark. *Third Axis Fourth Ally*. Arms and Armour. 1995.

Baczoni, Tamás; Tóth, László. *Hungarian Army Uniforms. 1939-1945*. Huniform Books. 2010.

Barnaky, Péter. *Panther on the battlefield*. Volume 6. PeKo Publishing. 2014.

Becze, Csaba. *Magyar Steel*. Stratus. 2006.

Bernád, Denes; Kliment, Charles K. *Magyar warriors. The history of the Royal Hungarian Armed Forces 1919-1945*. Volume I. Helion & Company. 2015.

Bernád, Denes; Kliment, Charles K. *Magyar warriors. The history of the Royal Hungarian Armed Forces 1919-1945*. Volume II. Helion & Company. 2017.

Bonhardt, Attila. *Zrínyi II assault howitzer*. PeKo Publishing. 2015.

Caballero, C; Molina, L. *Panzer IV. El puño de la Wehrmacht*. AF Editores. 2006.

Gladysiak, L; Karmieh, S. *Panzer IV Ausf. H and Ausf.J*. Vol I. Kagero 2015.

Gladysiak, L; Karmieh, S. *Panzer IV Ausf. H and Ausf.J*. Vol II. Kagero 2016.

Guillemot, Philippe. H*ungary 1944-45. The panzers' last stand*. Histoire&Collections. 2010.

Kerekes András. *The role and creation of the Royal Hungarian assault artillery, and the Zrínyi II assault howitzers*. Hadmérnök. X Évfolyam 2 szám. 2015 június.

Magyaródy, SJ. *Hungary and the Hungarians*. Matthias Corvinus Publishers.

Mc Taggart, Patrick. *¡Asedio!*. Inédita Editores SL. 2010.

Mujzer, Peter. *Huns on wheels*. Mujzer&Partner Ltd.

Oliver, Dennis. *Tiger I and Tiger II tanks*. Germany army and Waffen-SS Eastern Front 1944. Pen & Sword Military. 2016.

Order of battle and handbook of the Hungarian armed forces. February 1944. USA War department.

Restayn, Jean. *Tiger I in action 1942-1945*. Histoire & Collections.2013.

Thomas, Nigel; Pál Szábo, László. *The Royal Hungarian Army in World War II*. Osprey Publishing. 2008.

Tirone, Laurent. Panzer. *The German tanks encyclopedia*. Caraktere. 2016.

Ungváry, Krisztián. *Battle for Budapest.100 days in World War II*. IB Tauris. 2003.

Ungváry, Krisztián. *The "Second Stalingrad": The destruction of Axis forces at Budapest (february 1945)*. Hungarian Studies Review, Vol XXII, nº 1 (Spring, 1995).

Wood, Ian Michael. *History of the Totenkopf´s Panther-Abteilung*. PeKo Publishing. 2015.

Zaloga, Steven J. *Tanks of Hitler´seastern allies. 1941-45*. Osprey Publishing. 2013.

TITOLI GIÀ PUBBLICATI - TITLES ALREADY PUBLISHING

BOOKS TO COLLECT